Les plantes de la Bible

et leur symbolique

Christophe Boureux

Les plantes de la Bible

et leur symbolique

24, rue des Tanneries
75013 Paris
www. editionsducerf.fr

ISBN 978-2-204-10270-4

Introduction

« La Création attend avec impatience
la manifestation des fils de Dieu. »
Épître de saint Paul aux Romains (8, 19)

La Bible nous parle de plantes et le jardinier parle de ses plantes. Deux paroles et deux passions se sont croisées et fécondées pour concevoir ce petit livre consacré à cinquante plantes de la Bible. Le jardinier lecteur de la Bible, ou le croyant cultivant son jardin tentent de ne pas séparer une fois de plus ce que Dieu a uni en lui. Pourquoi en effet séparer ces deux paroles, ces deux passions ? Pourquoi ne pas risquer de marier la recherche sans cesse recommencée d'une parole exprimant cette amitié, cet accord profond, bref, cette foi mutuelle entre l'homme créé et Dieu créateur, et l'effort incessant qui consiste à bêcher, planter, tailler, arroser quelques plantes dont la beauté éphémère mais sûre nous récompensera d'un éclat de joie modeste et simple ? Les plantes bibliques présentées ici sont autant de jalons d'un art de vivre avec Dieu. Elles reflètent nos succès et nos échecs, notre patience désarmée devant les grands cycles de la nature, notre lenteur à croire et à croître, et la pérennité de la mémoire de Dieu. Elles nous stimulent à l'ouverture et à la souplesse, à la simplicité et à la compassion : on ne force pas la nature, la nôtre comme celle des plantes. Elles nous enseignent l'humilité (car il faut beaucoup se baisser quand on jardine !) et ce sentiment profond de l'interdépendance de tous les êtres que traverse un même élan de vie.

Rythmées par le cycle des saisons, les plantes nous parlent de la vie comme de la mort, de la séduction comme du détachement. Elles nous disent que l'abondance de l'été n'a de sens véritable qu'après avoir échappé à la pauvreté de l'hiver. Que la vitalité d'un printemps ne se goûte vraiment qu'en ayant croisé le déclin d'un automne. Sagesse des plantes alors ? Oui, si le jardinage est un art d'apprivoiser le temps en acclimatant l'espace. Mais non aussi, car, dans le temple de la nature, les plantes ne connaissent que la loi du plus fort et, lorsqu'elles coopèrent, c'est au nom de leur intérêt propre, toujours prêtes à étouffer leur voisine. « La nature est un temple où de vivants piliers laissent parfois sortir de confuses paroles », écrivait Baudelaire. Or cette confusion est sans raison, sans motif et sans but. « La rose est sans *pourquoi*, elle fleurit parce qu'elle fleurit », écrivait le mystique Angelius Silesius. Les plantes ne nous parlent qu'à travers de confuses paroles. Timides et vulnérables devant la puissance de nos technologies, elles confessent en silence : « Je suis confuse, pardonnez-moi. » Fragiles, génétiquement manipulables, industriellement exploitables, les plantes nous sont soumises.

Elles sont beauté, grâce, légèreté, solidité, force et vigueur, générosité et abondance, mais seulement à la mesure de notre sollicitude et de notre capacité à nous reconnaître en elles. Les plantes sont nos compagnes, rarement nos maîtresses, jamais nos épouses. Leur présence et les efforts qu'elles exigent de nous en font le miroir dans lequel nous nous trouvons nous-mêmes. Montre-moi ton jardin, je te dirai qui tu es. Qu'est-ce qu'un jardin ? C'est un lieu clos et paisible où résonne en silence : Pourquoi suis-je ainsi ému ? Pourquoi cette douceur et cette délicatesse qui m'attirent et me relèvent ? Pourquoi la beauté et l'hymne des couleurs ? Pourquoi la saveur ? Pour manger, oui bien sûr. Mais, de surcroît, pourquoi s'attacher à cultiver telle espèce, telle variété, telle couleur ? Pour rien. C'est ainsi. Cela suffit. Mon jardin, c'est une parole que je m'adresse en l'adressant aux autres.

La Bible nous emmène dans un jardin. La parole qui y est échangée est celle de l'homme avec lui-même et avec Dieu. La plante compagne ne parle pas vraiment, elle fait signe. Elle assiste, muette, à ces entretiens, l'accompagnant au mieux de ses couleurs et de ses senteurs. Le mythe biblique nous rapporte que, au commencement, « le Seigneur Dieu prit l'homme [c'est-à-dire l'humain encore asexué] et l'établit dans le jardin d'Éden pour cultiver le sol et le garder » (Gn 2, 15). Un jardin, ce n'est pas la nature, ce n'est pas la forêt vierge. C'est le lieu que l'homme acclimate. Nous savons bien que l'homme n'habite jamais un paysage informe. Un jardin est toujours l'embryon d'une ville : un espace où l'homme habite avec lui-même en société. Les anthropologues nous disent que même au fond de l'Amazonie les peuplades les plus différentes de nous délimitent un jardin dans leurs clairières. Robinson Crusoé sur son île ne tarde pas à dessiner un jardin qu'il fera visiter sitôt qu'il aura découvert Vendredi. Un jardin, c'est un lieu social, c'est pourquoi, dès l'origine, le Seigneur Dieu dit : « Il n'est pas bon que l'homme soit seul. Je veux lui faire une aide qui lui soit accordée » (Gn 2,18).

Dieu créa les animaux pour sortir l'homme de sa solitude et « voir comment l'homme les appellerait [...] mais pour l'homme on ne lui trouva pas une aide qui lui fut semblable » (Gn 2,20). Les plantes, aussi belles et bonnes soient-elles, n'entrent pas dans cet échange minimal de parole qui consiste à leur donner un nom, comme le fait l'homme pour les animaux. Elles ne suscitent pas cet élan d'admiration de l'humain devant son humaine : « Cette fois, celle-ci est l'os de mes os et la chair de ma chair » (Gn 2,23). Ainsi les plantes font signe, mais elles ne s'épanouissent pas dans la parole qui est le propre de l'homme.

Les plantes n'ont que la sagesse que l'humain leur prête. Tout au long de la Bible, les plantes sont les compagnes de l'homme qui se cherche lui-même en cherchant son Dieu. Le grand récit biblique est encadré par l'image d'un paradis, perdu à l'origine, et attendu à la fin des temps. Adam et Ève furent chassés du paradis (le mot paradis vient du vieil iranien et signifie *parc, enclos*). Créés libres à l'image de Dieu, ils se laissèrent séduire par le mensonge, la trahison de la parole, et ils se prirent pour Dieu lui-même. La destinée de l'humain est de retrouver librement le chemin et la jouissance de ce paradis en ne faisant ni l'ange ni la bête, en n'ayant ni une parole désincarnée ni une parole réduite à n'être qu'un échange de signes.

Le christianisme voit en Jésus Christ celui qui apprend à retrouver ce chemin du jardin d'Éden, car il est la Parole. Après sa mort sur la croix, c'est dans un jardin que son amie Marie Madeleine le retrouve vivant au matin de la résurrection et, n'en croyant pas ses yeux, elle le prend pour le jardinier (Jn 20,15). Il y a donc une vérité profonde, par-delà l'imagerie naïve du jardin du paradis, à conduire sa vie en compagnie des plantes comme nous le montre la Bible. Car les plantes suscitent un sentiment primaire d'admiration et de sollicitude qui est appelé à se réaliser pleinement dans la cohabitation et le plaisir réciproque que les êtres humains sont capables de se donner les uns aux autres. La Bible s'ouvre par un jardin dans la Genèse et se termine par une ville, la Jérusalem céleste décrite par le livre de l'Apocalypse. Mais « au milieu de la place de la cité et des deux bras du fleuve est un arbre de vie produisant douze récoltes. Chaque mois il donne son fruit, et son feuillage sert à la guérison des nations. Il n'y aura plus de malédiction » (Ap 22,2-3). La ville parfaite n'est pas seulement minérale, elle est centrée sur cet arbre magnifique qui n'abrite plus la séduction trompeuse mais apporte la vie en plénitude pour l'humanité cosmopolite.

Chacune des plantes présentées ici va éveiller en nous le sentiment d'un monde habité. Les plantes sont les signes d'une vie qui englobe la vie agricole, horticole, commerçante, politique, amoureuse, etc. Les plantes dans la Bible sont donc toujours le point de départ d'une métaphore. « Il en va du Royaume de Dieu comme d'une graine de moutarde... » (voir Mc 4,30). Ce *comme*, employé par Jésus dans ses paraboles, n'est pas un petit mot innocent. C'est un véritable déclencheur du saut dans la vraie vie humaine avec Dieu. L'homme n'habite pas un monde qui ne soit pas humain de part en part. Certes, il peut le rendre inhumain, l'histoire nous le prouve. Mais comme l'atteste le *Ginkgo biloba* qui reverdit à Hiroshima, les plantes offrent une conti-

Herbes amères, endive et chicorée.

nuité et une médiation entre l'homme d'hier et celui de demain, entre l'homme violent et le pacifique, entre l'homme inhumain immonde et l'homme qui s'humanise dans son monde. Les plantes sont des métaphores pour passer de la vie perdue à la vie recouvrée.

L'homme dit sa vie, son espérance de vie à travers celle des plantes, plus lente, plus enracinée dans le passé, plus prometteuse d'avenir. À l'encontre d'un monde désenchanté, froidement rationaliste, techniquement aseptisé, les plantes de la Bible évoquent un monde habité par la présence de l'homme cherchant à devenir humain sous le regard de Dieu. Pour nous, les plantes de la Bible conservent la mémoire de cette question entendue dans le jardin d'Éden : « Le Seigneur Dieu appela l'homme et lui dit : Où es-tu ? » (Gn 3,9.) Partir à la recherche des plantes de la Bible, c'est laisser résonner cette question qui est posée par un autre à nos sociétés humaines et à chacun d'entre nous : « Où est l'homme ? » Il n'y a pas d'autres questions qui soient plus fondamentales.

Néanmoins traiter des plantes de la Bible, c'est d'abord tenter de les identifier. Celles qui sont présentées ici le sont grâce au relatif consensus des spécialistes dont je donne les références en bibliographie. Mais mon intention n'est pas de proposer un nouvel ouvrage de botanique. Il en existe déjà d'excellents. Une démarche botanique consiste à se demander, par exemple, quelles sont les herbes amères (Ex 12,8) ou l'herbe des champs (Mt 13,30). Il est possible de proposer une identification à partir de ce que nous disent l'histoire et la botanique contemporaine. Il est alors permis d'avancer que, selon toute probabilité, Moïse parlait de la chicorée *(Cichorium intybus)* et Jésus du pavot *(Papaver rhoeas)*.

Cependant la Bible n'appartient pas à notre mentalité scientifique, mais à une mentalité symbolique. Là où la science sépare, distingue et classifie, la pensée symbolique unit et, par conséquent à certain moment, confond. Une démarche scientifique vise à entrer dans le texte biblique, à le décortiquer. Une approche symbolique s'efforce de partir du texte biblique. La science enquête, questionne, fouille, émet des hypothèses, recompose après avoir disséqué ces vieux textes du passé. La méditation symbolique essaie de retracer le sens qui émane du texte biblique pour le laisser se déployer en nous et devant nous.

Bien sûr, s'il faut partir du texte biblique, cela suppose d'avoir surmonté son caractère étrange, la distance culturelle qui nous sépare de lui, et de l'avoir compris. De même qu'il faut en comprendre la langue (l'hébreu et le grec), il est nécessaire de posséder des connaissances géographiques, historiques, scientifiques, sur les pays où se déroulent les faits narrés par la Bible. Et ici la botanique est indispensable. Car bien des confusions sont possibles. Les auteurs bibliques ne sont pas des botanistes, dans le meilleur des cas des agriculteurs, des jardiniers, bref, des gens de la terre qui ont un rapport commensal et utilitaire à l'égard des plantes.

Il est très important de se rappeler que la manière dont nous nommons les plantes n'est pas celle de la Bible. Notre taxinomie date du XVIIIe siècle, grâce à la classification proposée par le botaniste suédois Carl von Linné. Là où la Bible, désigne une plante par un seul nom (comme nous le faisons dans la vie courante pour aller vite), l'usage botanique veut que nous utilisions au minimum deux mots latins, l'un pour le genre, l'autre pour l'espèce. Par exemple, le figuier biblique est pour notre botanique le *Ficus carica.* Pour comprendre la signification des plantes de la Bible, il est donc nécessaire d'avoir surmonté l'obstacle de leur nomenclature.

En outre, beaucoup de plantes ont été introduites en Palestine depuis l'époque biblique, et ce n'est pas une flore actuelle du Moyen-Orient qui peut servir de support absolument fiable à une approche des plantes de la Bible. On peut citer l'exemple célèbre de l'arbre que l'on appelle Épine du Christ *(Gleditsia triacanthos)*, *Christ's thorn* en américain. Il fut importé d'Amérique au XIXe siècle par des pèlerins, pour être planté dans le jardin de Gethsémani. Ce févier a, en effet, de longues épines acérées qui rappellent celles que les peintres ont représentées parmi les instruments de la passion du Christ. Mais il ne poussait pas à Jérusalem il y a deux mille ans.

On se tromperait si l'on croyait que les significations symboliques des plantes ont une origine purement empirique, qu'elles sont nées de la contemplation des plantes dans la nature. Certes, l'usage et les propriétés des plantes engendrent une signification. Les plantes appartiennent à une culture qui relie entre elles leurs significations. Les plantes ont une signification, parce qu'elles entrent dans une culture qui crée de la signification en créant des liens entre des plantes et des situations, lesquelles renvoient à d'autres plantes et à d'autres situations. On parle alors de figure littéraire. L'herbe verte sur laquelle Jésus fait asseoir la foule avant la multiplication des pains (voir Jn 6,10, par exemple) est une figure. L'important n'est pas de savoir de quelle herbe il s'agit, mais de comprendre l'allusion qui renvoie au psaume 23,2 : « Le Seigneur est mon berger, sur des prés d'herbes fraîches il me fait reposer. » De même, quand on parlera de l'hysope, la connotation sacrale de purification sera décisive. Pour comprendre les plantes de la Bible, il faut donc se laisser porter par les figures littéraires où elles apparaissent.

D'une culture à l'autre, on retrouve des constantes qui pourraient laisser penser que c'est la plante elle-même qui induit sa signification. En fait, c'est la manière dont la plante est utilisée qui est commune à diverses cultures. Il en résulte une sagesse pratique transmise de génération en génération. On ne peut qu'être étonné devant le capital de sagesse et d'expérience acquis par l'humanité au contact des plantes. Combien de tâtonnements, d'erreurs et de succès, a-t-il fallu pour que telle plante soit entourée de soin et telle autre délaissée ou avoir mauvaise réputation ! Combien d'hommes et de femmes ont reçu, vérifié et transmis des conseils, des recettes, des savoir-faire qui ont fini par dessiner pour nous le portrait d'une plante ! La description d'une plante et sa signification culturelle et religieuse, sa symbolique représentent ainsi une plongée dans la sagesse immémoriale de l'humanité. Le roseau, par exemple, n'a pas une signification en soi : il regroupe un faisceau de significations culturelles et religieuses pertinentes dans plusieurs mentalités voisines les unes des autres. L'Israël biblique vit en relation permanente avec ses voisins égyptien, mésopotamien, grec. Il est normal que les significations se croisent, fusionnent, comme les cultures se métissent et se fécondent au contact les unes des autres. Le roseau sera donc une figure communément employée dans tout le Bassin méditerranéen pour dire à la fois la proximité de l'eau, avec ses dangers et sa nécessité vitale, la fragilité, la souplesse, et en même temps le fait qu'il déchire sournoisement la main.

Mais la Bible est un livre fondamentalement partisan. Elle considère tout et oriente tout en fonction de la relation de l'homme croyant à Dieu, révélée par Moïse, Élie, les prophètes et bien d'autres, jusqu'à Jésus Christ. Ce n'est pas parce que les croyants de la Bible font des emprunts aux cultures et religions voisines qu'ils tombent dans le syncrétisme, le relativisme ou l'éclectisme. Leur identité se dessine au contraire dans la manière singulière dont ils replacent les éléments de leur culture et de leur sagesse dans le cadre de leur relation à Dieu. Ainsi la Bible, qui est la Parole de Dieu, se dit, entre autres, à travers les plantes, mais ce qu'elle dit des plantes, elle le dit de manière biblique. C'est ce va-et-vient incessant entre la plante et sa signification dans la Bible que nous avons voulu esquisser dans ces quelques pages.

Toutes ces considérations ont inspiré le choix de l'iconographie. Puisqu'il ne s'agissait pas pour nous de faire un livre de botanique, nous n'avons pas cherché à reproduire toutes les plantes comme si nous étions les contemporains des plantes bibliques et que nous aurions pu aller les dessiner ou les photographier sur place. Échapper ainsi à la prétention du reportage ou du documentaire résulte d'une conviction : c'est la foi qui nous rend contemporain des faits, personnages et plantes de la Bible, ce n'est pas la vue. Entre nous et les auteurs bibliques qui les mentionnent, il y a un nombre considérable de témoins qui, à peu près tous anonymes, nous ont légué un texte qu'ils avaient eux-mêmes reçu. Entre nous et les plantes bibliques, il y a les auteurs des textes bibliques, ceux qui les ont transcrits, recopiés (parfois avec des fautes) sur des papyrus, des parchemins, des livres, tous ceux qui ont cherché à en fixer le nom et à les reproduire dans des dessins, bref, une cohorte innombrable d'hommes et de femmes croyants comme nous grâce à la Bible, qui leur ont donné du relief, de la saveur, de la signification.

C'est pourquoi nous n'avons pas craint de présenter ces quelques plantes de la Bible avec quelques photographies, mais surtout avec des œuvres d'art. Parmi celles-ci, les reproductions des gravures tirées de l'ouvrage la *Physique sacrée ou histoire naturelle de la Bible* de Johan Jacob Scheuchzer tiennent une place prépondérante. Cet ouvrage en huit tomes fut publié, à partir de 1731, à Zurich où Scheuchzer était médecin officiel et directeur du musée d'histoire naturelle. Scheuchzer est considéré comme l'un des fondateurs de la paléontologie et de la paléobotanique. C'est à partir de sa découverte de fossiles lors de ses excursions dans les Alpes, et de l'observation des plis des couches géologiques, qu'il propose sa théorie diluvienne de la terre et de l'origine des fossiles. Profondément croyant, il considère que les récits bibliques sont la description parfaite de l'histoire de la terre. Dans sa *Physique sacrée*, il s'efforce donc d'expliquer le récit de la création et notamment le Déluge à partir de ses découvertes géologiques et des connaissances scientifiques de son époque. Pour illustrer sa démonstration et mettre à la portée de tous les richesses faunistiques et botaniques de ses collections, il fait appel au talent d'un dessinateur, Melchior Fuesslin, et à celui de Jean André Pfeffel l'auteur des gravures en taille douce que nous avons reproduites.

Le concordisme de Scheuchzer est aujourd'hui dépassé sur le plan scientifique. Sa théorie d'un déluge universel ayant englouti la terre entière a perdu de son crédit : le déluge fut peut-être un événement géographique local du Moyen-Orient ancien, mais nous savons surtout que l'intention du rédacteur biblique était différente d'une théorie scientifique. Il s'agissait de montrer que l'amour de Dieu sait aussi punir l'humanité pécheresse. La saveur de ces gravures nous en disent plus que l'objectivité d'une photographie, et c'est là l'essentiel. Scheuchzer appartient ainsi à cette lignée de croyants desquels nous héritons un appétit insatiable de recherche de sens et d'admiration devant les beautés de la nature.

Délaissant alors les théories du scientifique Scheuchzer, nous pouvons écouter le chrétien qui s'adresse ainsi à son lecteur dans la préface de son ouvrage : « Les vérités mystérieuses qui nous ont été révélées dans nos Saintes Écritures sont semblables en quelque sorte à ce fruit du paradis terrestre auquel il était défendu de toucher, mais les vérités problématiques, et en particulier celles qui sont du ressort de la philosophie, peuvent être comparées aux fruits que les autres arbres de ce jardin produisaient en si grande abondance, et qu'il était permis de cueillir et de goûter. La Révélation n'exclut point la raison et malgré la soumission qu'elle exige, bien loin de lui interdire l'examen de vérités qu'elle lui découvre, elle lui en fait une loi. Le meilleur usage que nous puissions faire du don que Dieu nous accorde en imprimant en nos cœurs l'amour de la vérité est de cultiver les facultés de notre âme et de rallumer les étincelles qui nous reflètent de ce feu divin, par une contemplation assidue des merveilles de la création et de la Providence… Il faut sanctifier les idées que [nos découvertes] nous fournissent et les faire servir d'aliment non à l'esprit seulement, mais à la volonté et au cœur. »

À la suite de Scheuchzer et de bien d'autres admirateurs des merveilles de la création, nous savons que les véritables fruits de la Bible sont moins à croquer qu'à laisser mûrir dans notre cœur, que les fleurs de la Bible sont moins à cueillir qu'à orner notre intelligence, que les plantes de la Bible sont toutes des métaphores du véritable jardin où les hommes vivent en paix avec eux-mêmes. Les plantes de la Bible sont une invitation au voyage vers un jardin d'où nous sommes partis et qui ne se fera pas sans nous. Dieu nous en a confié la responsabilité, c'est là qu'il nous attend.

Table des plantes

Par ordre alphabétique des noms français

Acacia raddiana

Acacia

Acacia tortilis.

« Le Seigneur dit à Moïse : Dis aux fils d'Israël de lever pour moi une contribution sur tous les hommes au cœur généreux... : or, argent, bronze, pourpre violette et pourpre rouge, cramoisi éclatant, lin, poil de chèvre, peaux de béliers teintes en rouge, peaux de dauphins, bois d'acacia, huile pour le luminaire, aromates pour l'huile d'onction et le parfum à brûler, pierres de béryl et pierre de garniture pour l'éphod et le pectoral. Ils me feront un sanctuaire et je demeurerai parmi eux... Ils feront donc une arche en bois d'acacia... »

Livre de l'Exode (25, 1-10).

On recense entre sept cents et neuf cents espèces d'arbres sous le genre acacia dans les contrées tropicales et subtropicales. L'acacia est abondant en Égypte et en Terre sainte, à tel point qu'il a donné son nom à certaines régions (Jl 3, 18 : « Une source jaillira de la Maison du Seigneur et elle arrosera la vallée des Acacias »). L'acacia pousse dans des régions sèches et venteuses. C'est un arbre à feuilles bipennées, à fleurs jaunes, donnant un fruit en forme de gousse tordue en spirale. Sa croissance très lente rend son bois très dur et imputrescible. Il est par conséquent fort utile pour la fabrication d'objets, telle l'arche d'alliance du sanctuaire, laquelle est le trône de l'Éternel.

Pour l'anecdote, on s'avisera de ne pas confondre l'acacia biblique, qui est un arbre d'environ cinq à huit mètres de la famille des Mimosacées, avec notre acacia européen qui peut avoir jusqu'à vingt-cinq mètres de haut et qui, lui, appartient à la famille des Papilionacées. Ce dernier est le robinier faux-acacia *(Robinia pseudacacia)*, importé de Virginie (en Amérique) et planté à Paris, d'abord sur la pointe de l'île de la Cité, puis au square Viviani (près de l'église Saint-Julien-le-Pauvre) en 1601 (?) par Jean Robin « arboriste, simpliciste et botaniste du Roy ». On attribue à ce dernier arbre le titre envié d'« arbre le plus vieux de la capitale ».

Conclusion de tout cela ? Faites-vous appeler acacia et vous serez presque aussi éternel que Mathusalem (qui mourut à 969 ans, selon Gn 5, 27).

Sur l'ordre du Seigneur,
Moïse prescrivit aux **Hébreux** *de construire une arche en bois d'acacia,*
avec des **barres en bois** *d'acacia pour la porter.*

Allium cepa

Oignon

« Les fils d'Israël recommencèrent à pleurer, et ils dirent : "Qui nous fera manger de la viande ? Nous nous souvenons du poisson que nous mangions pour rien en Égypte, des concombres, et des pastèques et du poireau, et des oignons et de l'ail. Et maintenant notre vie s'étiole, privée de tout ; nos yeux ne voient plus que la manne !" »

Livre des Nombres (11, 5).

Après leur fuite hors d'Égypte, les fils d'Israël vont marcher durant quarante ans dans le désert sous la conduite de Moïse. Le périple est rude vers la Terre promise. Les oignons d'Égypte sont le symbole du souvenir idéalisé d'un certain confort, obtenu en échange de la captivité et des travaux forcés. Se souvenir des oignons d'Égypte, c'est manquer de courage dans la liberté recouvrée, c'est avoir peur du futur.

Les Hébreux se rappellent les oignons qu'ils épluchaient en Égypte lorsqu'ils récriminent, crient et pleurent dans le désert. Les oignons contiennent beaucoup d'eau quand ils sont frais (les textes médicaux anciens leur attribuent en outre des propriétés diurétiques), ils font pleurer le cuisinier, et de surcroît ils sont déconseillés aux tempéraments irritables, sanguins et bilieux. Décidément l'eau des oignons colporte avec elle beaucoup de pleurs et d'amertume.

Amygdalis communis

Amandier

« Le lendemain, Moïse entra dans la Tente du Témoignage et vit que le bâton d'Aaron, de la maison de Lévi, avait bourgeonné : il avait fait surgir un bourgeon, éclore une fleur et mûrir des amandes. »

Livre des Nombres (17, 23).

Dans le désert, les fils d'Israël récriminent contre leurs chefs, Moïse et Aaron. Le Seigneur prescrit que chaque chef de tribu dépose son bâton dans le sanctuaire. Le bâton qui aura fleuri désignera le chef que le Seigneur aura choisi pour faire taire les jalousies de protestation et de prééminence.

La précocité saisonnière de la floraison de l'amandier, en février-mars, sert de comparaison à la primauté d'Aaron. En même temps, la résistance de l'amandier aux plus dures sécheresses augure bien de la constance qu'il faudra à Aaron pour conduire ce peuple « à la nuque raide et au cœur endurci » (Dt 10, 16). Le nom *shaked* qui désigne l'amandier en hébreu est dérivé du verbe qui signifie « être attentif, vigilant ».

Laissons maintenant le jeu d'une libre association développer ses harmoniques entre le nom latin de l'amande *(amygdalus)* et l'austère poésie du dictionnaire médical : « Les amygdales sont des organes lymphoïdes situés sur la paroi latérale du larynx entre les piliers du voile du palais à la base de la langue. Les amygdales jouent un rôle important dans la leucopoïèse (formation de globules blancs) dans la défense générale contre l'infection (production d'anticorps), enfin un rôle de défense (barrière de fixation contre les angines) ».

Ces discrètes amandes entées sur la langue comme remède à l'infection ne sont pas sans analogie pour nous avec le rôle d'Aaron (savait-il qu'il avait des amygdales ?). Aaron, en effet, sera la bouche de Moïse. C'est le Seigneur qui le lui donnera en remède à sa plainte (Ex 4, 10-16) : « Je t'en prie Seigneur, je ne suis pas doué pour la parole, ni d'hier, ni d'avant-hier, ni depuis que tu parles à ton serviteur. J'ai la bouche lourde et la langue lourde... » Et le Seigneur s'enflamma contre Moïse : « N'y a-t-il pas ton frère Aaron le lévite ? Je sais qu'il a la parole facile lui... Tu lui parleras et mettras les paroles en sa bouche. Et moi, je suis avec ta bouche et avec sa bouche et je vous enseignerai ce que vous ferez. Lui parlera pour toi au peuple, il sera ta bouche et tu seras son dieu. Quant à ce bâton, prends-le en main ! Avec lui, tu feras les signes. » On retrouve la même signification de l'amandier dans le livre de Jérémie, quand le prophète entend le Seigneur lui dire : « Je mets ma parole en ta bouche… Que vois-tu Jérémie ? Je dis : “Ce que je vois, c'est un rameau d'amandier.” Le Seigneur me dit : “C'est bien vu ! Je veille à l'accomplissement de ma parole” » (Jr 1,9-12).

Amandes et bâtons, bouche et parole du Seigneur : autant de figures qui invitent à se préserver de l'impureté non pas extérieure, mais intérieure. « C'est ce qui sort de la bouche qui rend l'homme impur, dira Jésus, …ce qui sort de la bouche provient du cœur, et c'est cela qui rend l'homme impur. Du cœur en effet proviennent intentions mauvaises, adultères, inconduites, vols, faux témoignages injures » (Mt 15,11-19).

Résumons-nous : Aaron, la bouche de Moïse, fait taire les récriminations et les mauvaises pensées des fils d'Israël, car son bâton d'amandier est une barrière contre les impuretés du découragement. L'amande symbolise la vérité cachée sous le voile des fausses apparences. Sa coque, dure à briser, représente les efforts à faire pour atteindre la vérité. Le Christ sera souvent représenté dans une mandorle au tympan des églises (*mandorla* en italien signifie *amande*), parce que sa nature divine est cachée par sa nature humaine.

« Fol amandier », proclame le dicton, qui fleurit alors que le givre recouvre encore la terre. Mais il n'y a de marche que dans la témérité de l'élan vers le lendemain. Pour ne pas mourir au désert dans leur révolte, les fils d'Israël devront suivre l'élan qui les emporte à la suite de Moïse

Christ bénissant, dans une mandorle.

Artemisia herba-alba

Absinthe

« Qu'il n'y ait pas chez vous un homme ou une femme, une famille ou une tribu dont le cœur se détourne aujourd'hui du Seigneur notre Dieu pour aller servir les dieux de ces nations ; qu'il n'y ait pas chez vous la racine d'une plante produisant du poison ou de l'absinthe. »
Livre du Deutéronome (29, 17-18).

« Le troisième ange fit sonner sa trompette : et, du ciel, un astre immense tomba, brûlant comme une torche. Il tomba sur le tiers des fleuves et sur les sources des eaux. Son nom est : Absinthe. Le tiers des eaux devint de l'absinthe, et beaucoup d'hommes moururent à cause des eaux qui étaient devenues amères. »
Livre de l'Apocalypse (8, 10-11).

L'absinthe biblique est une plante de moins d'un mètre qui appartient à la même famille que l'armoise *(Artemisia vulgaris)* et l'estragon condimentaire *(Artemisia dracunculus)*. Elle pousse dans la steppe. D'allure argentée, ses feuilles sont velues, soyeuses et blanchâtres sur les deux faces, ses petites fleurs jaunes, en grappes, apparaissent sur des tiges ramifiées.

Absinthe, en grec, signifie « privé de douceur ». L'hébreu la désigne comme repoussante et amère. Son huile essentielle est toxique (l'un des ses composants, la *thuyonne*, est un poison du système nerveux). Notre absinthe européenne *(Artemisia absinthium)* est une parente de l'absinthe biblique. C'est avec elle que l'on produisait une liqueur alcoolisée qui, avant d'être interdite, fut en vogue au XIXe siècle sous le nom d'absinthe ou vermouth (absinthe se dit *Wermut* en allemand). Edgar Degas a peint *L'Absinthe* en 1877, et Zola décrit ses ravages, chez les pauvres comme Gervaise, dans son célèbre roman *L'Assommoir*.

Les textes bibliques la prennent toujours en mauvaise part (en dépit de ses très réelles propriétés médicinales toniques). Les fléaux annoncés par l'ange de l'Apocalypse reprennent, en les amplifiant et en les réinterprétant, les dix plaies d'Égypte rapportées dans l'Exode. On peut lire ici une allusion à la première de ces plaies qui transforment l'eau du Nil en sang : « Les poissons du Fleuve moururent, le Fleuve devint puant et les Égyptiens ne purent boire les eaux du Fleuve » (Ex 7, 21). On a là une inversion symbolique : le sang, principe vital comme l'eau, devient ici porteur de mort à l'instar de l'absinthe dans l'Apocalypse.

Armoise.

Arundo donax – Phragmites australis

Roseau

Reeds

« Le roi d'Assyrie envoya au roi Ézéchias, à Jérusalem, le commandant en chef, le grand eunuque et le grand échanson… [Ils lui firent dire] : "Voici que tu t'es fié à l'appui de ce roseau brisé, l'Égypte, qui, si quelqu'un s'appuie sur lui, pénètre en sa main et la transperce. Tel est Pharaon, le roi d'Égypte pour tous ceux qui se fient à lui". »

Deuxième livre des Rois (18, 21).

« Voici mon serviteur que je soutiens, mon élu, qui a toute ma faveur. J'ai mis mon esprit sur lui ; il exposera le droit aux nations. Il ne criera pas et n'élèveras pas le ton, il ne fera pas entendre sa voix dans les rues. Il ne brisera pas le roseau froissé et n'éteindra pas la mèche qui faiblit. Il exposera le droit avec loyauté. Il ne faiblira pas et ne fléchira pas qu'il n'ait établi le droit sur la terre. »

Livre d'Isaïe (42, 1-4).

Quand les envoyés de Jean [Baptiste] furent partis, Jésus se mit à parler de lui aux foules : "Qu'êtes-vous allés regarder au désert ? Un roseau agité par le vent ?… Un prophète ? Oui, je vous le déclare, et plus qu'un prophète. C'est celui dont il est écrit : Voici, j'envoie mon messager en avant de moi ; il préparera ton chemin devant toi. »

Évangile selon saint Luc (7, 24-27).

Appelé aussi chez nous canne de Provence *(Arundo donax)*, ce roseau colonise les bords des eaux dans toute la région méditerranéenne, comme le *Phragmites australis.* C'est pourquoi il n'est pas évident de bien savoir lequel correspond à ce que l'hébreu appelle *agam*, *souf* et *kaneth*. On le caractérise par sa taille (plus de deux mètres et jusqu'à cinq) et à ses épillets pourvus de longs poils ressemblant à des plumeaux s'agitant dans le vent. Il pousse en épais fourré où se cache le crocodile (Ps 68, 31) ou l'hippopotame (Jb 40, 21). Ce qui est étonnant, c'est la variété de ses usages. On utilisait la tige bien droite pour fabriquer des flûtes, des flèches, une canne à mesurer (Ez 40, 5) ; en la taillant, elle devient le calame pour écrire (3 Jn 13). L'*Acorus calamus* est aussi un roseau plus particulièrement recherché pour son rhizome odoriférant (voir Ex 30, 23). Ses feuilles lancéolées servaient à tresser des nattes. Enfin, c'est la panicule du roseau qui sert de signe hiéroglyphique pour la lettre *a*.

Le roseau qui plie est, dans la Bible, le symbole de la faiblesse de caractère qui cède à toutes les impulsions. C'est aussi la félonie qui blesse lorsqu'on s'en remet à elle. Le prophète Ézéchiel (Ez 29, 6) reprenant l'histoire difficile des alliances et des conflits politiques du livre des Rois dit : « L'Égypte a été un appui de roseau pour la maison d'Israël. » Jean-Baptiste au contraire, lui qui habite aussi un pays des roseaux sur les bords du Jourdain, est décrit comme le refus de la flexibilité opportuniste. Il n'a pas cette fragilité que le Messie, décrit par Isaïe, vient secourir. Fragilité du roseau froissé qui a perdu sa rigidité, qui ne se tient plus debout bien que ses fibres ne soient pas rompues.

On retrouve une synthèse de tous les éléments de la symbolique contrastée du roseau dans la passion de Jésus : « Avec des épines les soldats tressèrent une couronne qu'ils lui mirent sur la tête, ainsi qu'un roseau dans la main droite… Ils crachèrent sur lui et, prenant le roseau, ils le frappèrent à la tête »

Alors tous les Égyptiens connaîtront que je suis le Seigneur, eux qui furent un appui de roseau. Pharaon, grand crocodile tapi au milieu de ses Nils.

(Mt 27,29-30). Le Messie qui n'élève pas le ton, fragile, juste et droit comme le roseau, est frappé avec l'aspect sombre du roseau (c'est pourquoi on y a vu aussi une allusion possible à l'autre roseau, la massette, *Typha domingensis*), le roseau qui transperce les mains comme cela va s'accomplir sur la croix. En outre, l'évangéliste Matthieu rapporte la fuite de la Sainte Famille en Égypte, le pays des roseaux « pour que s'accomplisse ce qu'avait dit le Seigneur par le prophète : "D'Égypte j'ai appelé mon fils" » (Mt 2,15). La passion et la résurrection de Jésus sont un nouvel exode, un nouveau passage de la mort à la vie. Le Seigneur se souvient des humiliés, des courbés, froissés, transpercés.

Atriplex halimus

Arroche

« Et maintenant je suis la risée de plus jeunes que moi, dont j'eusse dédaigné de mettre les pères parmi les chiens de mon troupeau. Qu'aurais-je fait des efforts de leurs bras ? Toute leur vigueur avait péri. Desséchés par la misère et la faim, ils rongeaient la steppe lugubre et vaste solitude. Ils cueillaient l'arroche sur les buissons et faisaient leur pain des racines de genêt. »

Livre de Job (30, 1-4).

L'arroche ou pourpier de mer est une plante d'environ un mètre poussant sur les bords de la Méditerranée, de la mer Morte ou des lacs salés. Les feuilles de couleur pourpre sont alternes et riches en suc aqueux. Elles peuvent être mangées en période de famine, mais leur saveur est amère à cause des sels marins contenus dans leurs cellules. Elles entrent dans ces innombrables soupes aux herbes dont la cuisson à l'eau permet d'en corriger les amertumes ou âcretés excessives. Elle est de la même famille que notre arroche ou belle-dame des jardins *(Atriplex hortensis)* dont on cuit les feuilles en potage ou en salade cuite.

La plainte de Job transporte son lecteur dans la grande dépression de la mer Morte. Située à quatre cents mètres en dessous du niveau de la Méditerranée, le climat exceptionnellement chaud produit une telle évaporation que la salinité y est six fois plus élevée que dans les eaux des océans. Toute vie animale et végétale y est impossible. On y trouve cependant l'arroche sur la rive occidentale, là où les eaux du Jourdain, qui se déversent dans la mer Morte au nord, en adoucissent quelque peu la salinité.

La tradition place Sodome et Gomorrhe sur ses rives, et la femme de Lot, transformée en colonne de sel pour avoir regardé en arrière, y est encore visible (Gn 19, 1-29).

Bannis de la société des hommes, ils beuglent parmi les broussailles,
s'entassent sous les ronces et cueillent l'arroche.

Brassica nigra

Moutarde

« Jésus disait à ses disciples : "À quoi est comparable le Royaume de Dieu ? À quoi vais-je le comparer ? Il est comparable à une graine de moutarde qu'un homme prend et plante dans son jardin. Elle pousse, elle devient un arbre, et les oiseaux du ciel font leurs nids dans ses branches." »

Évangile selon saint Luc (13, 18-19).

La graine de moutarde devient-elle un arbre et est-elle « la plus petite de toutes les semences du monde », comme ajoute l'évangile de Marc (Mc 4, 31) ? Bien sûr que non ! C'est une plante qui peut atteindre quatre mètres en Galilée, et ses graines sont certes petites, mais quant à dire qu'elles sont les plus petites de toutes, c'est là, comme précédemment, une amplification rhétorique. Le mot arbre lui vient de ses tiges assez rigides où les petits oiseaux peuvent venir se percher pour manger ses graines. C'est le contraste entre la taille de la graine et celle de la plante obtenue en un temps bref (une quarantaine de jours) qui donne toute sa signification à la parabole. La vérité du Royaume de Dieu n'a pas le même statut que la vérité scientifique. Ne faisons pas de Jésus un botaniste qui s'ignore, ou en herbe ! Il est significatif de relever qu'un botaniste (F. N. Hipper, cité dans la bibliographie) écrit à propos de cette graine de moutarde : « On n'arrive pas à comprendre pourquoi la graine de moutarde fut choisie pour la parabole. » Une autre fois (Lc 12, 39), Jésus emploie la comparaison d'un voleur qui vient de nuit, pour exprimer la même idée de la discrétion de Dieu qui surprend, se faufile, agit avec rapidité, et produit des choses étonnantes. Le Royaume de Dieu est apparemment tout petit, presque invisible, mais il change tout. « Le Royaume de Dieu ne vient pas comme un fait observable. On ne dira pas : "Voici : il est ici ! ou bien il est là !" En effet, le Royaume de Dieu est parmi vous » (Lc 17, 20-21).

Ainsi le Royaume de Dieu est comparé à la croissance elle-même de la graine de moutarde. Ce n'est pas un fait observable que l'on peut épier. Ce n'est pas seulement une réalité intime. C'est un processus de genèse situé entre deux états, l'un tout petit, l'autre très manifeste. Le Royaume, comme le développement de la graine en plante, entraîne la maturation des fils de Dieu à l'image et à la ressemblance de Dieu. Il les fait grandir en humanité.

Déjà, au XIIIe siècle, Dijon s'était fait une spécialité de sa méthode de préparation de la moutarde. En revanche, aux temps bibliques, comme condiment, la graine de moutarde était pilée en poudre et servait à assaisonner les plats comme pour nous le poivre. Sans doute ses propriétés médicinales étaient-elles déjà aussi utilisées comme elles le furent longtemps dans les cataplasmes et autres sinapismes.

Capparis spinosa

Câprier

« Et aussi d'en haut on aura peur et ce seront des terreurs sur le chemin ; l'amande sera dédaignée, la sauterelle deviendra pesante et la câpre éclatera, car l'homme s'en va vers sa maison d'éternité et déjà les pleureuses rôdent dans la rue. »

Livre de l'Ecclésiaste (12, 5).

L'auteur de ce livre se présente lui-même : « Qôhéleth, fils de David, roi à Jérusalem » (Qo 1, 1). Le mot Qôhéleth signifie en hébreu « celui qui préside à l'assemblée ». La traduction française en *ecclésiaste* est une transcription du mot, employée dans la version grecque des Septante. Le fait de s'attribuer l'identité de Salomon, le roi sage (1 R 3, 12), est une coutume fréquente dans la Bible. La pseudonymie n'est pas, comme pour nous, une imposture ou un plagiat répréhensible, c'est au contraire une marque de respect et une manière de révérence envers l'autorité de celui sous le nom duquel on se place pour prolonger son œuvre.

Tout le monde connaît les premiers mots de ce petit livre : « Vanité des vanités. Tout est vanité. » André Chouraqui, dans sa traduction qui essaie de refléter aussi fidèlement que possible le sens concret des mots bibliques, traduit ainsi : « Fumée de fumées, tout est fumée. » Qôhéleth ne porte pas un jugement de valeur sur le réel, il tente simplement de décrire la condition humaine sous l'angle de ce qui passe. C'est apparemment un matérialiste pessimiste. Plus fondamentalement, il se méfie de toute spéculation sur le sens de la vie, et il se répand contre l'individu trop porté à se considérer comme le centre de l'univers. Son message est simple : ce qui est attendu de l'homme, c'est qu'il jouisse d'une manière responsable de la vie que Dieu lui donne, qu'il se souvienne de sa brièveté et de la nécessité d'en rendre compte à Dieu : « Ce qui convient le mieux à l'homme, c'est de manger et boire et de goûter le bonheur par tout son travail auquel il travaille sous le soleil pendant le nombre des jours de sa vie que Dieu lui a donnés, car c'est là sa part » (Qo 5, 17).

L'image de la câpre mûre qui éclate, pour laisser tomber, en se fendant, ses petites graines rouges, signifie le temps du vieillard qui, brisé par la maladie, s'apprête à laisser échapper son âme. Comme l'amandier qui fleurit et la sauterelle alourdie, le vieillard aux cheveux blancs et aux jambes lourdes qui refusent de le porter, voit sa vie s'avancer vers la mort. Les pleureuses, c'est-à-dire celles qui vont accomplir le rituel de deuil, sont déjà à la porte. La câpre est ainsi le symbole de la vie savoureuse et belle qui pourtant doit finir car « il y a un temps pour enfanter et un temps pour mourir… ; un temps pour pleurer et un temps pour rire ; un temps pour se lamenter et un temps pour danser » (Qo 3, 2-4).

Le câprier est un petit arbuste épineux qui pousse fréquemment sur les vieux murs et les rochers. Il y étale ses feuilles d'un beau vert, et ses grandes fleurs blanches à longues étamines roses sont du plus bel effet. « C'est la plus juste mesure de vertige et de sérénité qu'on puisse connaître du nez », écrit P. Lieutaghi. La câpre, confite au vinaigre, est un excellent condiment, fort apprécié pour ses propriétés stimulantes et antiscorbutiques.

Cedrus libani

Cèdre

« Le juste poussera comme un cèdre du Liban ; planté dans les parvis du Seigneur, il grandira dans la maison de notre Dieu. Vieillissant, il fructifie encore, il garde sa sève et sa verdeur pour annoncer : "Le Seigneur est droit !" Pas de ruse en Dieu, mon rocher. »

Psaume (92, 13-16).

Le cèdre du Liban est le plus beau, le plus majestueux et le plus massif des arbres que connaissent les hommes de la Bible. Symbole d'immortalité, le parfum de son bois éloigne les insectes et les vers. La fumée de cèdre est réputée dans les rites religieux pour chasser les mauvais rêves. C'est pourquoi il est l'arbre tout désigné pour la construction du temple de Jérusalem que Salomon (vers 976 avant notre ère) entreprend pour accomplir les projets de son père David : « David désigna des carriers pour préparer des pierres de taille, afin de construire la Maison de Dieu. David prépara aussi du fer en quantité…, du bronze en telle quantité qu'on ne pouvait le peser, et du bois de cèdre sans nombre car les Sidoniens et les Tyriens [les habitants du Liban actuel] avaient apporté à David du bois de cèdre en quantité… Il appela Salomon, son fils, et lui commanda de construire une Maison pour le Seigneur, le Dieu d'Israël » (1 Ch 22, 2-6). David, qui a trop guerroyé aux yeux de Dieu, doit céder à son fils Salomon (dont le nom signifie « homme de paix ») le privilège de réaliser cette entreprise (1 Ch 22, 8-9). La magnificence de ce premier temple (il y en aura trois, successivement détruits par les envahisseurs babyloniens en 587, grecs en 169, et romains en 70 de notre ère ; le mur des Lamentations à Jérusalem en est le dernier vestige) tient surtout à son ornementation et à la richesse de son mobilier liturgique.

Centaurea iberica

Chardon

« Méfiez-vous des faux prophètes, qui viennent vers vous vêtus comme des brebis, mais qui au-dedans sont des loups rapaces. C'est à leurs fruits que vous les reconnaîtrez. Cueille-t-on des raisins sur un buisson d'épines, ou des figues sur des chardons ? »

Évangile selon saint Matthieu (7,15-16).

La Palestine est riche en chardons de toutes sortes. Il serait fastidieux de faire une liste exhaustive de ces plantes armées d'épines et nuisibles à l'agriculture (*Notobasis syriaca, Scolymus maculatus, etc.*) Elles se propagent facilement à cause de leurs graines aigrettées que le vent disperse en abondance.

« Des épines dans vos yeux et des chardons dans vos flancs » (Nb 33,55) est une expression biblique qui restitue bien la signification du chardon. Comme les faux prophètes, ils ont souvent une jolie fleur, jaune ou bleue, mais leur fréquentation est risquée. La devise de la Lorraine, dont l'emblème est le chardon, le dit bien : « Qui s'y frotte s'y pique. »

Parmi les nombreuses légendes qui entourent le chardon, retenons celle du Chardon Marie *(Silybum marianum)* : les taches laiteuses qui marquent les feuilles près des nervures sont les vestiges héréditaires de quelques gouttes de lait tombées du sein de la Vierge Marie lorsque, fuyant le sombre dessein du roi Hérode de massacrer tous les enfants de Bethléem, elle emporta Jésus dans ses bras en toute hâte (Mt 2,13-18). Est-ce pour cette raison que le Chardon Marie a la réputation, s'il est pris en décoction huit jours avant un voyage, de prévenir le mal des transports ?

Silybum marianum.

Notobasis syriaca.

Centaurea iberica

« Les épines sont parties intégrantes et absolument nécessaires pour composer un tout. Elles ont été créées en même temps que les autres plantes et le monde, et non seulement après la chute. » Scheuchzer décline ici quelques épines : la bourrache (4), l'ortie brûlante (7), le chardon à carder (8), la rose (11), l'aubépine (12), etc.

Ceratonia siliqua

Caroubier

« Quand il eut tout dépensé, une grande famine survint dans ce pays, et il commença à se trouver dans l'indigence. Il alla se mettre au service d'un des citoyens de ce pays qui l'envoya dans ses champs garder les porcs. Il aurait bien voulu se remplir le ventre des caroubes que mangeaient les porcs, mais personne ne lui en donnait. »

Évangile selon saint Luc (15,14-16).

La merveilleuse parabole du fils prodigue dit l'essentiel sur les caroubes : ce sont de petites fèves plates enfermées dans des gousses couleur acajou, d'une vingtaine de centimètres de long et larges de trois centimètres, que l'on donne à manger aux porcs. Les hommes s'en contentent en cas de famine. L'arbre au tronc massif atteint une dizaine de mètres et fournit un couvert épais car ses feuilles persistantes et luisantes sont coriaces. La tradition associe les caroubes au miel sauvage et aux sauterelles qui étaient le « menu » de Jean-Baptiste (Mt 3,4), d'où leur nom allemand : *Johannisbrot*, « pain de Jean », et, en anglais, *locust bean*, « fève de la locuste », celle-ci étant une espèce de sauterelle. Cette curieuse association entre les caroubes et les sauterelles provient probablement d'une erreur de copiste, puisqu'en hébreu il suffit de changer une lettre pour passer des caroubes aux criquets.

Enfin, le caroube a aujourd'hui redoré son blason puisque le carat, l'unité de mesure de l'or, provient aussi de lui : carat vient du mot grec *keration*, qui signifie caroube. Les anciens Grecs utilisaient le poids de la graine de caroube pour peser l'or. Mince consolation pour le fils prodigue avant son retournement ! Mais son retour au pays lui apporta bien plus : l'affection et la miséricorde de son père, et, accessoirement, un vêtement de fête, un anneau au doigt, des sandales aux pieds et la chair succulente de l'infortuné veau gras. Avec la même précipitation qu'Abraham au chêne de Mambré (Gn 18,6), faisant apprêter le veau tendre et bon pour les trois visiteurs, son père le fêta divinement. Sara avait ri car elle avait peur, le fils aîné grinça des dents dans sa colère, le père accueillit un fils dans l'allégresse d'une nouvelle naissance.

Myrrhe, Ladanum et Encens

Cystus monspeliensis.

« Comme les frères de Joseph levaient les yeux, voici qu'ils aperçurent une caravane d'Ismaélites qui venait de Galaad. Leurs chameaux étaient chargés de gomme adragante, de baume et de ladanum, qu'ils allaient livrer en Égypte. »

Livre de la Genèse (37,25).

« Chaque jeune fille devait se présenter à son tour au roi Assuérus au terme du délai fixé par le statut des femmes, soit douze mois. L'emploi de ce temps de préparation était tel : pendant six mois les jeunes filles usaient de l'huile de myrrhe, et pendant six autres mois du baume et des onguents employés pour les soins de beauté féminine. Quand elle se présentait au roi, chaque jeune fille obtenait tout ce qu'elle demandait pour le prendre avec elle en passant du harem au palais royal. »

Livre d'Esther (2,12-14).

« Entrant alors dans le logis, ils [les mages venus d'Orient] virent l'enfant avec Marie sa mère, et, se prosternant, ils lui rendirent hommage ; puis, ouvrant leurs cassettes, ils lui offrirent en présents de l'or, de l'encens et de la myrrhe. »

Évangile selon saint Matthieu (2,11).

« Les soldats conduisent Jésus dehors pour le crucifier. Ils réquisitionnent pour porter sa croix un passant, qui venait de la campagne, Simon de Cyrène, le père d'Alexandre et de Rufus. Ils le mènent au lieu dit Golgotha, ce qui signifie lieu du Crâne. Ils veulent lui donner du vin mêlé de myrrhe, mais il n'en prend pas. »

Évangile selon saint Marc (15,21-23).

La myrrhe est une gomme-résine à saveur âcre et à odeur balsamique produite naturellement par l'exsudation des canaux sécréteurs situés juste sous l'écorce de divers arbustes de la famille des Burséracées, des *Commiphora* d'Abyssinie et d'Arabie, qu'on ne trouve pas en Palestine. La myrrhe y est donc un produit d'importation d'autant plus recherché.

Le ladanum est produit par l'exsudation des feuilles de divers cistes. La myrrhe est utilisée pour les soins de beauté, pour parfumer le lit et les vêtements, et l'embaumement des cadavres. On en additionnait le vin pour le corser, selon Pr 31,6 : « Procure des boissons fortes à qui va mourir. » Jésus refuse cette ivresse. Elle s'employait comme remède. De là vient la tradition qui a vu dans l'offrande des mages l'indication que le Christ est le médecin des âmes et des corps. Le ladanum est employé dans les brûle-parfum.

Les parfums tiennent une place très importante dans la vie sociale. C'est moins une ostentation de luxe que l'expression coutumière de la joie de vivre et une marque de politesse. Ainsi quand Jésus est invité chez un pharisien nommé Simon, il lui reproche son manque de politesse « de ne pas lui avoir oint la tête », alors qu'une femme publique a répandu du parfum sur ses pieds (Lc 7, 38-46). Les disciples de Jésus devront, même les jours de jeûne et de pénitence, se parfumer (Mt 6, 17). Si l'or offert par les mages est le symbole de la dignité royale de Jésus et l'encens (fabriqué à partir du *Boswelia sacra* ou *carterii*) celui de sa nature divine, la myrrhe est celui de sa nature humaine. Pour l'évangéliste Matthieu, ce sont les païens, plus que les Juifs, qui, au début de sa vie et à son terme, reconnaissent en Jésus l'envoyé de Dieu dans son humanité. Ainsi, ressuscité, le Christ dit à ses disciples : « Allez, de toutes les nations, faites des disciples », ce que l'on pourrait traduire : « Apportez-leur une bonne odeur de sainteté. »

Citrullus colocynthis

Coloquinte

« Élisée revint à Gilgal. La famine régnait alors dans le pays. Comme les fils de prophètes étaient assis devant lui, il dit à son serviteur : "Mets la grande marmite sur le feu et cuis une soupe pour les fils de prophètes." L'un d'eux sortit dans la campagne pour ramasser des herbes. Il trouva une vigne sauvage et y cueillit des coloquintes, plein son vêtement. Il rentra et les coupa en morceaux dans la marmite de soupe, car on ne savait pas ce que c'était. On servit à manger aux hommes. Mais à peine en eurent-ils goûté qu'ils poussèrent des cris : "Homme de Dieu ! Il y a la mort dans la marmite !" Et ils ne purent manger. Élisée, l'Homme de Dieu, dit : "Apportez de la farine." Il en jeta dans la marmite et dit :"Sers les gens et qu'ils mangent." Il n'y avait plus rien de mauvais dans la marmite. »

Deuxième livre des Rois (4,38-41).

L'apprenti prophète avait encore des choses à apprendre sur les plantes ! L'habit ne fait pas le moine et tout ce qui brille n'est pas or. Ce n'est pas parce que la coloquinte a quelque ressemblance avec une vigne à cause de ses feuilles triangulaires et ses sarments à vrille (on la surnomme « vigne de Sodome »), et que ses fruits jaunes, marbrés de vert et globuleux, sont de la taille d'une orange, qu'elle est comestible. Le fruit est extrêmement amer, et c'est un purgatif très puissant dont l'effet est immédiat. On l'appelle aussi « le fiel de la terre ». La coloquinte est une vivace à la tige rude et grisâtre sortant d'une racine épaisse et pivotante. Elle pousse dans les lieux arides où on la reconnaît d'abord à ses petites fleurs jaunes.

Élisée dont le nom signifie « Dieu a aidé » (sauvé, délivré) est appelé l'Homme de Dieu car il est le disciple et le successeur du prophète Élie. Élie, *eliyyah*, veut dire « Yahvé est Dieu ». Élisée est un thaumaturge, c'est-à-dire un homme qui fait des miracles : assainissement des eaux, punitions d'enfants insolents, multiplication de l'huile d'une veuve et de pains, guérison, résurrection d'un mort, récupération d'un fer de hache tombée dans l'eau. Le miracle de l'assainissement de la marmite de coloquinte entre donc dans la geste thaumaturgique d'Élisée. Les miracles, dans la tradition biblique, ne sont

« Ce miracle d'Élisée montre comment il est aisé de se méprendre en cueillant des épines pour des roses, les fruits de la Belladone pour des cerises, en un mot des choses vénéneuses pour des choses bonnes à manger : ce qui n'arrive que trop souvent », commente Scheuchzer.

jamais des fins en soi. Ce sont des signes de la puissance de Dieu qui habite l'Homme de Dieu. Il n'est donc pas étonnant de retrouver ces mêmes signes et miracles chez d'autres Hommes de Dieu. On les trouve non seulement chez Élie, le prédécesseur d'Élisée, mais aussi chez ses successeurs. Jésus de Nazareth fera de semblables miracles pour ouvrir les yeux de ses disciples sur le Règne de Dieu. La vie de saint Benoît de Nursie (vers 480-547), le principal fondateur de la vie monastique occidentale, est elle aussi ponctuée de miracles qui rappellent ceux d'Élisée : on lui offre du vin empoisonné qui ne lui fait aucun mal, du pain empoisonné qu'un corbeau l'empêche de manger, il fait remonter le fer d'une faux tombée dans l'eau. Tout cela est raconté dans un ouvrage célèbre du XIIIe siècle : la *Légende dorée* de Jacques de Voragine.

Citrus medica (?)

« Pomme d'Adam »

« Le serpent était le plus rusé de tous les animaux des champs que le Seigneur Dieu avait faits. Il dit à la femme : "Vraiment ! Dieu vous a dit :"Vous ne mangerez pas de tout arbre du jardin ?"… La femme vit que l'arbre était bon à manger, séduisant à regarder, précieux pour agir avec clairvoyance. Elle en prit un fruit et le mangea, elle en donna aussi à son mari qui était avec elle et il en mangea. »

Livre de la Genèse (3, 1-6).

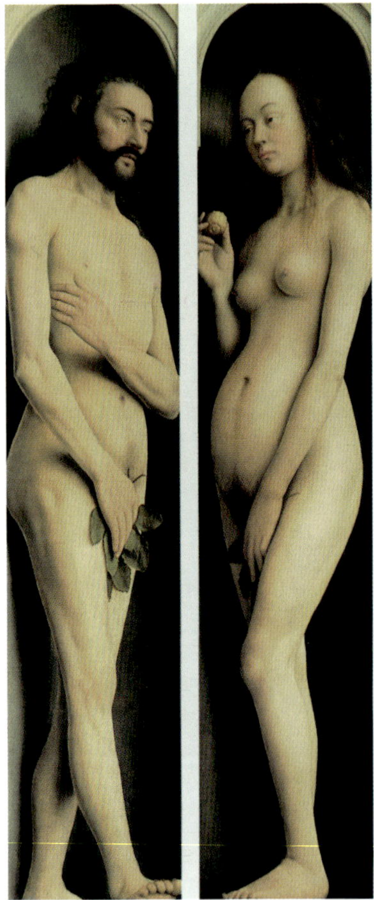

Van Eyck,
Adam, Ève et le cédrat.

La seule chose que l'on sache vraiment de la pomme d'Adam, c'est qu'elle lui resta en travers de la gorge. Car le texte biblique parle simplement d'un fruit sans en préciser le nom. La « pomme » d'Adam pour les Anglo-Saxons est un cédratier, un *Citrus medica*, c'est-à-dire un agrume de la vaste famille de nos oranges. L'explication reposerait sur la fusion du jardin du paradis avec le jardin des Hespérides. Les Hespérides étaient des nymphes très belles et très sages qui habitaient la région de l'Atlas. Elles réunissaient dans leur jardin les plus beau produits de la nature et surtout des pommes d'or que gardait un dragon. Ces pommes avaient la vertu étonnante de charmer les yeux et de produire dans le cœur des impressions dont il est impossible de se défendre. Elles furent la dot que Junon apporta à Jupiter, mais elles introduisirent ensuite la discorde dans l'Olympe. Tous ces récits rapportés par les poètes Virgile, Pline ou Ovide, font visiblement porter à ces pommes le même poids de séduction et de division que celui qui grève le fruit dont il est question dans le texte biblique. Alexandre le Grand aurait vu le fruit en Perse et Théophraste en parle comme de la « pomme de Médie ou de Perse ».

Les Hébreux, en exil à Babylone, ont substitué le cédrat au cône de cèdre (fruit du *Cedrus libani*). Le cèdre se dit en grec *kedros*, et les juifs hellénisés ont appelé le cédrat ou « pomme de cèdre », le *kedromêlon*. Ces deux fruits, le *Citrus* et le *Cedrus*, symbolisent le juif parfait qui respire la bonne odeur de la sainteté et donne du fruit par son comportement pieux. Il était plus facile sans doute aux juifs en diaspora de se procurer un cédrat qu'un cône de cèdre pour célébrer la fête des Tentes et ils en ont organisé la production et le commerce à Corfou et ailleurs. De ces vendeurs de cédrats sont issus les noms de familles Zitrone ou Citroën. D'une manière très exceptionnelle dans l'iconographie chrétienne, le polyptyque de l'*Agneau mystique* des frères Van Eyck qui se trouve dans la cathédrale Saint-Bavon à Gand représente Ève tenant un cédrat.

Le serpent des Indes que l'on appelle cobra (1), la vipère (2),
le céraste ou serpent cornu d'Aldovandrus (3), le céraste de Libye (4), l'acontias (5),
le cendris des Anciens (6), l'ibiboboca (7).
Par qui Ève fut-elle séduite et devint ainsi séductrice ?

La traduction de pomme d'Adam en français vient d'une restriction à notre pommier *(Malus)* du latin *pomum* qui signifie « fruit à pépins ». Car le mot *malus* en latin a trois significations : c'est un nom qui désigne le pommier (mais aussi d'ailleurs le grenadier) ; il désigne aussi une perche pour fixer des tentures ou des voiles, et un arbre de pressoir ; enfin, comme adjectif, il signifie mauvais, rusé, mensonger.

La tradition populaire ne s'embarrasse pas des étymologies et rassemble promptement diverses acceptions sous un même mot pour en faire la synthèse, si le récit lui semble aller dans ce sens.

Un *malus*, des pépins, un arbre pressé de mensonge, l'essentiel de l'histoire d'Adam et Ève est dit. La pomme d'Adam symbolise le déchaînement des désirs terrestres et la quête d'immortalité.

Cucumis sativus

Concombre

« Oui, les rites des peuples ne sont que vanité : on a coupé un arbre de la forêt, travail des mains de l'artisan, avec la cognée ; d'argent et d'or on l'embellit, avec des clous et des marteaux on le fixe, pour qu'il ne vacille pas ! Ils sont comme un épouvantail dans un champ de concombres et ils ne parlent pas, il faut les transporter, car ils ne marchent pas ! Ne les craignez pas, car ils ne font pas de mal, et de bien pas davantage. »

Livre de Jérémie (10, 3-5).

Le concombre est l'un des produits d'Égypte que les Hébreux regrettent dans le désert : il contient de 95 à 97% d'eau ! Probablement d'origine indienne, il sera par la suite abondamment cultivé dans les champs comme l'atteste le prophète Jérémie. Il étale ses larges feuilles et ses gros fruits allongés sur un sol fertile et irrigué. C'est un aliment peu nourrissant mais très rafraîchissant et diurétique.

La semonce du prophète Jérémie aux fils d'Israël les met en garde contre la séduction des rites païens qui les entourent. Leurs dieux sont des idoles fabriquées par les hommes. Elles ont aussi peu de consistance et de vitalité qu'un épouvantail qui fait peur de loin. La même expression « un épouvantail au milieu d'un champ de concombres » se retrouve chez le prophète Baruch (Ba 6, 69) et, dans un registre similaire, chez le prophète Isaïe (Is 1, 8). On y sent une expression stéréotypée pour dire un mélange d'artificialité clinquante, vérité fabriquée de toute pièce, et de fatuité grasse et lourde, sans valeur, creuse et insipide, en dépit des apparences. Aujourd'hui, en langage familier on s'exprimerait ainsi : leurs idoles, c'est du toc, des courges ! (des *Cucurbita pepo*).

Cucumis sativus

Ah, quel souvenir ! les concombres que nous mangions en Égypte,
alors que maintenant nous errons dans le désert !

Cuminum cyminum

Cumin

« Soyez attentifs, écoutez ma parole. Est-ce tout le temps que le laboureur, en vue des semailles, laboure, creuse et herse sa terre ? N'est-il pas vrai qu'il en aplanit la surface, puis répand la nigelle et sème le cumin, met le blé et l'orge et l'épeautre en lisière. Or c'est son Dieu qui lui enseigne la règle à suivre et qui l'instruit. »

Livre d'Isaïe (28, 23-26).

« Malheureux êtes-vous scribes et pharisiens hypocrites, disait Jésus, vous qui versez la dîme de la menthe, du fenouil et du cumin, alors que vous négligez ce qu'il y a de plus grave dans la loi : la justice, la miséricorde et la fidélité ; c'est ceci qu'il fallait faire, sans négliger cela. »

Évangile selon saint Matthieu (23, 23).

Nigella sativa.

Les nombreuses mentions du cumin montrent que cette épice est très commune dans l'alimentation biblique. Bien que très petite, la graine, employée comme condiment, diffuse une saveur abondante, comme sa parente, la nigelle ou cumin noir *(Nigella sativa)*, ou, dans nos contrées, le carvi *(Carum carvi)* appelé aussi anis des Vosges, cumin des prés, Kümmel. C'est une petite ombellifère grêle à l'inflorescence blanche. Les graines étroitement elliptiques, de quatre ou six millimètres, sont plus ou moins velues.

Pour Isaïe, l'agriculture est une image de l'attitude du croyant à l'égard de Dieu. Après avoir fait tout ce qu'il fallait faire, seule une active passivité peut rendre le croyant réceptif à ce qui lui est donné gratuitement. La grâce, lors de ses rares passages, doit trouver un terrain bien préparé.

La malédiction de Jésus à l'encontre des pharisiens va dans le même sens de la généreuse gratuité du don de Dieu. Ils se focalisent sur les petites choses par leur attitude mesquine (la dîme est un impôt religieux qui consiste à rendre le dixième) sous prétexte d'être en accord avec Dieu. Au contraire, dit Jésus, le Royaume de Dieu est sans prix, gratuit et généreux dans les grandes choses : la justice, la miséricorde, la fidélité.

Le cumin représente cette toute petite chose qui change tout, et transforme en un goût divin la réalité la plus banale, pourvu qu'elle soit donnée gratuitement et avec largesse. Le cumin ne doit pas nous ramener à sa petite taille, mais nous emporter dans sa saveur magnanime.

L'aneth (à gauche) et le cumin (à droite) ne doivent pas occulter ce qu'il y a de plus important dans la Loi de Moïse.

Cyperus papyrus

Papyrus

« En Égypte un homme de la maison de Lévi avait épousé une fille de sa tribu. Elle fut bientôt enceinte. La femme conçut et donna le jour à un fils. Voyant qu'il était beau, elle le dissimula durant trois mois. Comme elle ne pouvait le tenir caché plus longtemps, elle prit une corbeille de papyrus qu'elle enduisit de bitume et de poix, elle y mit l'enfant et la déposa au bord du Nil. La sœur de l'enfant se tenait à distance pour savoir ce qu'il lui adviendrait. Or la fille de Pharaon descendit vers le Nil pour se baigner… Elle vit l'arche au milieu des roseaux et envoya sa servante qui la prit. »

Livre de l'Exode (2, 1-5).

Les fils d'Israël sont esclaves en Égypte. Craignant qu'ils deviennent trop nombreux, le Pharaon a ordonné aux accoucheuses de tuer tous les garçons nouveau-nés. Le sauvetage miraculeux de Moïse annonce son destin de libérateur. De naissance hébraïque mais d'éducation égyptienne, Moïse est le fondateur de la religion juive. C'est à lui que la Bible attribue la rédaction de ses cinq premiers livres. Le papyrus (le nom dériverait d'un mot égyptien signifiant « le royal ») est, dans l'Antiquité, le support par excellence de l'écriture.

Le papyrus est la plante qui s'identifie le plus à l'Égypte biblique alors qu'elle en a pratiquement disparu aujourd'hui (Isaïe en son temps prophétise cette disparition comme une conséquence de la stupidité de Pharaon, Is 19, 7). On le trouve sur les bords du Jourdain ou en Nubie. C'est une herbe robuste dont l'épais rhizome rampe dans la vase des bords de fleuves. Les tiges triangulaires, de la grosseur du bras à leur base, dépassent deux mètres de haut et sont surmontées d'une ombelle florifère globuleuse. Le papyrus servait à la fabrication de cordages, nattes, tapis, paniers, barques légères, et en Égypte, où il y avait peu de bois, ses racines servaient de combustible. Mais le principal usage du papyrus était la fabrication du papier. En sectionnant la partie intérieure de la tige, on obtient de fines bandes longitudinales de vingt à trente centimètres de long sur six centimètres de large. Celles-ci sont disposées parallèlement sur une table humectée d'eau et recouverte transversalement par une seconde série comme la trame d'un tissu. Ces bandes superposées sont ensuite battues, polies et encollées pour former des rouleaux. Un livre en papyrus fut appelé, en grec, un *biblion*, du nom de la ville phénicienne de Byblos qui en assurait le commerce. Le papyrus est le symbole de la connaissance. Le fait de le rouler et de le dérouler correspond à l'alternance du mystère et de la révélation, du caché et du manifesté.

« Voilà un petit enfant de trois mois qui ne porte pas encore le nom de Moïse.
Voilà l'historien du monde naissant, et le plus ancien de tous les historiens
à la merci du fleuve et des vents, entre des roseaux et du papier ! »
Scheuchzer montre à droite le papyrus et à gauche le roseau.

Ficus carica

Figuier

« Leurs yeux à tous deux (Adam et Ève) s'ouvrirent et ils surent qu'ils étaient nus. Ayant cousu des feuilles de figuier, ils s'en firent des pagnes. »
Livre de la Genèse (3,7).

« Jésus voyant Nathanaël venir à lui, dit : "Voici un véritable Israélite, en qui il n'y a point de tromperie". Nathanaël lui dit : "D'où me connais-tu ?" "Avant que Philippe t'appelât, répondit Jésus, quand tu étais sous le figuier, je t'ai vu". Nathanaël reprit : "Maître, tu es le fils de Dieu, tu es le roi d'Israël". Jésus lui répondit : "Parce que je t'ai dit que je t'avais vu sous le figuier, tu crois ! Tu verras de plus grandes choses encore". »
Évangile selon saint Jean (1,47-50).

« Les ornements de cette planche représentent les figues, tant entières que coupées, avec leurs fleurs et leurs semences par-dedans. »

Le figuier est l'arbre généreux et secourable par excellence : le prophète Isaïe guérit les tumeurs du roi Ézéchias en leur appliquant une galette de figues (Is 38,21). Le figuier croît même en terrain pierreux et pauvre pourvu qu'il ait un peu d'eau et de fumure. Son ombre est profonde au milieu des vignes terrassées de soleil (Lc 13,6). Sa fructification est presque permanente. À la fin du printemps apparaissent les premières figues, puis la fructification s'arrête et reprend en automne pendant plusieurs mois. C'est pourquoi Jésus, rencontrant un jour un figuier sans fruit, se fâchera contre lui (Mt 21,18). L'expression « vivre sous le figuier » signifie ainsi vivre en paix dans le bien-être. En outre, le figuier est le symbole de la Bible elle-même, c'est-à-dire de la science religieuse. Car dans la Bible, comme dans le figuier, en cherchant bien on finit toujours par trouver un fruit qui calme sa faim, faim de vivre comme de savoir. Nathanaël sous le figuier est un véritable Israélite aux yeux de Jésus, c'est un homme qui cherche Dieu et qui, le cherchant sans se lasser, trouve la paix. Car vivre en croyant ce n'est pas avoir trouvé Dieu, c'est le chercher sans cesse.

La feuille de vigne a remplacé, dans l'imagerie populaire, celle du figuier couvrant la nudité d'Adam et Ève. La vigne est l'herbe de vie et d'immortalité dans la tradition biblique comme dans bien d'autres traditions religieuses. Ce glissement dans le choix iconographique est intéressant car il manifeste toute la difficulté d'interprétation du texte biblique originel. En quoi consiste exactement la stupéfaction qui saisit le Seigneur quand il dit à Adam : « Qu'as-tu fait là ? » (Gn 3, 13) ? La perte de la vie comme survie ? Une boulimie de connaissances inutiles ? Peut-être le figuier indique-t-il plutôt la difficulté des deux protagonistes à reconnaître, et à accepter, la différence sexuelle. Car le figuier donne l'impression de cumuler les caractéristiques des deux sexes.

Cet arbre dont le nom est masculin produit un lait qui lui tient lieu de sève. D'autre part, son fruit (qui est en fait un réceptacle charnu contenant les fleurs) évoque, avec un peu d'imagination, autant l'organe mâle de la génération que, une fois ouvert, la matrice femelle. En outre, sa fructification se fait de plusieurs manières : par un curieux phénomène de parthénocarpie (c'est-à-dire sans fécondation des ovules), ou bien grâce à l'intervention d'un petit Hyménoptère (le *Blastophaga psenes*) qui, à son corps défendant, mais attiré par le parfum des fleurs femelles y colporte le pollen des fleurs mâles. Celles-ci se trouvent soit dans une autre figue, soit dans la même, laquelle s'avère alors androgyne. Le figuier, à la fois mâle et femelle, et l'insecte, vivent ainsi en symbiose et semblent ne pouvoir se passer l'un de l'autre.

Alors ? Le serpent est bien le séducteur actif qui vient briser la relation entre Adam et Ève. Il est la figure, comme disent les psychanalystes, de ce que l'homme a et de ce que la femme n'a pas, et son piège est de rendre l'homme malade de suffisance et la femme malade d'insuffisance. La maladie de l'avoir a perverti la santé de la complémentarité. Mais le figuier est-il le séducteur passif dans l'histoire ? Lui qui semble gommer la différence sexuelle et la relation qui en découle. C'est là encore une ruse du serpent de jouer sur les apparences. Or Dieu dit : « Il n'est pas bon pour le figuier d'être seul. Je vais lui faire une aide qui lui soit accordée. » Et c'est ainsi que notre figuier vit une relation fructueuse avec son indispensable et si différent *Blastophaga psenes*.

Jésus, ayant faim,
passa près d'un figuier où il ne trouva que des feuilles.
Il lui dit : « Jamais plus tu ne porteras de fruit »,
et à l'instant même le figuier sécha.

Ficus sycomorus

Sycomore

« Amos répondit à Amacya : "Je n'étais pas prophète, je n'étais pas fils de prophète, j'étais bouvier, je traitais les sycomores ; mais le Seigneur m'a pris derrière le bétail et le Seigneur m'a dit : 'Va ! prophétise à Israël mon peuple'." »

Livre d'Amos (7, 14-15).

« Les apôtres dirent au Seigneur : "Augmente en nous la foi." Le Seigneur dit : "Si vous aviez de la foi, gros comme une graine de moutarde, vous diriez à ce sycomore : 'Déracine-toi et va te planter dans la mer' et il vous obéirait". »

Évangile selon saint Luc (17, 6).

« Entré dans Jéricho, Jésus traversait la ville. Survint un homme appelé Zachée ; c'était un chef des collecteurs d'impôts et il était riche. Il cherchait à voir qui était Jésus, et il ne pouvait y parvenir à cause de la foule, parce qu'il était de petite taille. Il courut en avant et monta sur un sycomore afin de voir Jésus qui passait par là. Quand Jésus arriva à cet endroit, levant les yeux il lui dit : "Zachée, descends vite : il me faut aujourd'hui demeurer dans ta maison." Vite Zachée descendit et l'accueillit tout joyeux. »

Évangile selon saint Luc (19, 1-6).

Question : quel point commun y a-t-il entre un prophète qui commence par récuser le titre et la fonction de prophète qu'il n'a pas choisis, un gros arbre qui va se planter dans la mer, et un fonctionnaire de petite taille, douteux et enrichi, qui devient tout joyeux ?

Réponse : le sycomore.

Pourquoi ? Parce que Amos, les apôtres et Zachée sont complexés comme le sycomore *(Ficus sycomorus)* devant son cousin le figuier *(Ficus carica)*. En effet, les fruits du sycomore sont bien moins savoureux que ceux du figuier et ce sont les pauvres ou le bétail qui doivent s'en contenter. Ils poussent en grappes pas très élégantes à même le tronc et ils sont plus petits. Le sycomore est gros (presque obèse avec parfois ses sept mètres de circonférence de tronc) alors que le figuier est gracile. Son bois, bien que poreux, sert à la fabrication d'ustensiles serviles comme les portes ou les caisses et surtout, chez les Égyptiens, aux cercueils des momies. On comprend alors la remarque orgueilleuse que le prophète Isaïe place sur les lèvres des « arrivistes » : « Les briques sont tombées, nous bâtirons en pierre de taille, les sycomores sont abattus, nous mettrons des cèdres à la place » (Is 9, 9).

Ainsi, comme le sycomore devant le figuier, Amos est complexé d'être un pauvre prophète, même pas fils de prophète, devant Amacya, le prêtre du sanctuaire de Béthel, conseiller du roi Jéroboam. Les apôtres sont complexés de ne pouvoir opérer des guérisons puissantes faute de savoir jeûner et prier. Dans le parallèle de Matthieu (Mt 17, 17), Jésus vient de leur dire : « Génération incrédule et pervertie, jusqu'à quand serai-je avec vous ? Jusqu'à quand aurai-je à vous supporter ? » Zachée est évidemment complexé, non pas tellement par sa petite taille mais par sa richesse acquise en collectant les impôts, richesse qu'il va s'empresser de restreindre, au bruit des murmures désapprobateurs qui accompagnent l'accueil de Jésus envers

Le roi Salomon fit qu'à Jérusalem l'argent était aussi abondant que les pierres et les cèdres aussi nombreux que les sycomores du bas pays le long de la mer.

un pécheur public comme lui : « Je fais don aux pauvres de la moitié de mes biens et, si j'ai fait du tort à quelqu'un, je lui rends le quadruple. » Bien sûr, Zachée sait compter, car cette proposition correspond à la peine du droit romain en cas de vol manifeste.

Laissons, à propos du sycomore complexé, le mot de conclusion à Jésus : « En effet le Fils de l'homme est venu chercher et sauver ce qui était perdu » (Lc 19, 10).

Post-scriptum : les problèmes d'identité du sycomore ne s'arrêtent hélas pas là, puisque notre sycomore européen n'en est pas un. En effet, notre bel arbre d'alignement est un érable, un *Acer*, que le grand Linné a nommé *Pseudoplatanus*, faux platane, par allusion à la ressemblance des feuilles.

Gossypium herbaceum

Coton

« C'était au temps de Xerxès. Ce Xerxès régna sur cent vingt-sept provinces depuis l'Inde jusqu'à l'Éthiopie. En ces jours-là, comme il siégeait sur son trône royal, à la citadelle de Suse… il donna un banquet de sept jours dans la cour du jardin du palais [pour tous ses ministres et ses serviteurs]… Ce n'étaient que tentures de coton blanc et de pourpre violette, attachées par des cordons de byssus et de pourpre rouge à des anneaux d'argent et des colonnes d'albâtre, divans d'or et d'argent posés sur un dallage de jade, d'albâtre, de nacre et de jais. On faisait boire dans des coupes d'or, toutes de formes différentes, et le vin du royaume était versé avec une libéralité royale. »

Livre d'Esther (1, 1-7).

L'identification du coton est un peu difficile car l'occurrence d'Esther est unique dans la Bible. Le mot *karpas* n'est pas hébreu mais perse, cependant l'enquête philologique auprès d'autres langues orientales conduit à ce sens. La description grandiose de la salle du banquet qui a tant frappé le rédacteur du livre d'Esther correspond bien aux usages royaux de la civilisation perse. Le blanc et le violet étaient les couleurs royales.

Le cotonnier est un arbrisseau dépassant les deux mètres. Les feuilles alternes sont portées sur de longs pétioles et découpées en cinq ou sept lobes. Elles ressemblent à des feuilles de vigne, c'est pourquoi les Hébreux appelaient le coton la « laine de vigne ». Les larges fleurs jaunes avec un cœur pourpre donnent un fruit qui est une capsule à cinq loges contenant de trois à sept graines noires dont l'épiderme se prolonge par de longs poils constituant les fibres de coton. Ainsi, lorsque la capsule du fruit s'ouvre, au lieu de graines, c'est la boule de coton qui apparaît.

Les Hébreux ont pu connaître le coton par leurs contacts avec l'Égypte et l'Arabie où il est cultivé depuis des temps immémoriaux.

Hedera helix

Lierre

Les deux livres des Maccabées racontent la résistance juive à l'envahisseur grec, au IIe siècle avant Jésus Christ. Le roi Antiochus Épiphane a profané le Temple de Jérusalem en y installant une statue de Zeus, et déchaîné la persécution des juifs pour anéantir la rébellion. La lutte politique et religieuse trouve son héros en Judas surnommé Maccabée, ce qui veut dire « le marteau », par allusion probablement à sa vigueur guerrière. On assiste donc à la confrontation violente des deux cultures religieuses, grecque et juive, à travers la mise en scène de leurs symboles fondamentaux.

Le lierre est rare en Palestine, et 2 M 6,7 est la seule occurrence biblique. Cependant le lierre, dans la religion grecque, est l'un des ornements habituels du dieu Dionysos : dieu de la végétation, de la vigne, du renouveau printanier, principe de la fécondité animale et humaine. Il est le dieu des défoulements et de l'exubérance, de la vie tendant à émerger de toute contrainte et de toute limite. Le lierre grimpant symbolise, par son feuillage toujours vert et par sa capacité à se répandre partout, la force végétative et la persistance du désir à travers le cycle saisonnier des morts et des renaissances. Or, c'est à l'époque des Maccabées que se cristallise, dans la conscience religieuse juive, l'idée d'une résurrection des morts pour les martyrs : « Mieux vaut mourir de la main des hommes en tenant de Dieu l'espoir d'être ressuscité par lui » (2 M 7,14). Là où, pour les juifs, la résurrection signifie une transfiguration de l'existence en Dieu, le lierre de Dionysos renvoie à la religion grecque de l'éternel retour. Le lierre peut symboliser la continuité de la vie à travers ses étapes historiques. À l'inverse, la religion juive puis chrétienne insistera sur la discontinuité. Dieu est le vivant, mais la vie n'est pas un dieu. Dieu donne la vie, il la fait même rejaillir dans la conversion. Paul à Athènes (Ac 17,16-34), devant les philosophes de l'Aréopage, fera l'expérience de l'incompatibilité radicale entre l'idée d'une résurrection et la religion grecque. Ironie du sort, ou plutôt de la Providence, c'est un philosophe du nom de Denys (*Dionusios*) qui se convertira au Christ ressuscité sur la parole de Paul.

« Le roi envoya Géronte l'Athénien, pour forcer les juifs à enfreindre les lois de leurs pères et à ne plus régler leur vie sur les lois de Dieu, pour profaner le Temple de Jérusalem et le dédier à Zeus Olympien… Il n'était même pas permis de célébrer le sabbat, ni de garder les fêtes de nos pères, ni simplement de confesser que l'on était juif. On était conduit par une amère nécessité à participer chaque mois au repas rituel, le jour de la naissance du roi et, lorsque arrivaient les fêtes dionysiaques, on devait, couronné de lierre, accompagner le cortège de Dionysos. »

Deuxième livre des Maccabées (6,1-7).

Iris pseudacorus

Iris

« Je serai pour Israël, dit le Seigneur, comme la rosée, il fleurira comme l'iris et il enfoncera ses racines comme la forêt du Liban ; ses rejetons s'étendront, sa splendeur sera comme celle de l'olivier et son parfum comme celui du Liban. Ils reviendront, ceux qui habitaient à son ombre, ils feront revivre le blé, ils fleuriront comme la vigne et on en parlera comme du vin du Liban. »

Livre d'Osée (14, 6-8).

Cette déclaration passionnée de Dieu pour son peuple joue sur le contraste entre le charme des vallées verdoyantes du Liban et l'aridité des monts d'Israël. L'iris aquatique annonce la présence de l'eau fertilisante qui fait tant défaut en Palestine. Il porte en lui toute la symbolique de la promesse en sa fraîcheur printanière. Son rôle protecteur et purificateur (on le cultive sur les toits de chaume pour protéger les maisons de la foudre) n'apparaît pas dans la Bible.

La symbolique de l'iris s'enracine dans les traditions égyptiennes et hellénistiques avant d'être reprise dans le christianisme. Dans l'Égypte des pharaons, l'iris a une double symbolique : il signifie la royauté comme emblème de la couronne de la Haute-Égypte, et la résurrection et la vie comme attribut du dieu Horus. Le thème sera repris par le christianisme pour être exprimer le jour nouveau du Christ ressuscité, Seigneur des seigneurs. Saint Jérôme écrit en ce sens : « Le Christ est blanc et candide par sa virginité, rouge et pourpre par sa Passion. » La mort et la passion victorieuses du Christ purifient l'humanité du péché originel, et l'iris évoque la nouvelle vie spirituelle accordée à celui qui, par le baptême, est plongé dans les eaux de la mort pour en ressortir vivant par la puissance de la résurrection du Christ. C'est seulement au Moyen Âge que la signification de pureté attachée à l'iris s'appliquera à la virginité et à la conception immaculée de la Vierge Marie.

L'iris, par une longue évolution stylistique dans l'héraldique, est devenu fleur de lis comme symbole de la royauté en France. Au début du règne de Charles V, les armes de France s'énonçaient : d'azur à trois fleurs de Lys d'or. Les érudits ont découvert la préfiguration du lys héraldique dans le sceptre des rois mérovingiens sous la forme stylisée d'un iris jaune des marais. La légende raconte que Clovis, à la veille de la bataille de Vouillé où il battit les Wisigoths, fut arrêté par la Vienne. Apeurée par le cliquetis des armes, une biche en s'enfuyant découvrit un gué sur le bord duquel poussait l'iris jaune. Clovis alla cueillir l'une de ces fleurs. Ayant plus tard obtenu la victoire, le roi des Francs considéra l'iris comme son emblème.

Juglans regia

Noyer

« Tu es belle, ma compagne… Ta chevelure est comme un troupeau de chèvres qui dévalent du mont Galaad. Tes dents sont comme un troupeau de brebis mères qui remontent du bain… Ta joue est comme une tranche de grenade… Une seule est ma colombe, ma parfaite… Je descends au jardin des noyers pour admirer les pousses de la gorge. »
Cantique des cantiques (6,4-11).

Le Christ, l'Époux de son Église, accompagne sa bien-aimée au jardin des noyers.

Le Cantiques des cantiques est un long poème amoureux dans lequel un jeune garçon et une jeune fille échangent leur quête réciproque et la fascination de leurs émois. On n'y trouve rien qui évoque le sentiment religieux ou l'aspect moral des choses. Dieu n'y est pas nommé, sinon à la fin dans une expression stéréotypée. Pourtant, les métaphores horticoles y abondent pour suggérer l'attraction sensuelle des amants. Les chrétiens ont lu dans le Cantique des cantiques une allégorie chantant l'amour du Christ pour l'Église, donnant ainsi toute sa place à la dimension sensible et affective de la foi.

Le noyer, dont le nom latin est une abréviation de *Jovis glans*, « gland de Jupiter », et *regia* « royal », était fort répandu. Au premier siècle, Flavius Josèphe, le grand historien juif, rapporte que les noyers sont nombreux près du lac de Tibériade et que certains sont très vieux.

La noix est le fruit des épousailles. Elle est l'image de la plénitude féconde de la vie conjugale. L'union indissociable est illustrée par les deux moitiés de la coquille étroitement accolées. La noix reflète l'équation complexe de l'amour, à travers le paradoxe de ce fruit à la peau verte et tendre qui, bientôt éclatée, dévoile un os : un crâne total qui s'ouvre encore sur les deux circonvolutions en miroir d'une cervelle végétale.

Juniperus oxycedrus

Genévrier

« Salomon envoya dire à Hiram, roi de Tyr : "Envoie-moi du Liban des bois de cèdre, de cyprès et de santal, car je sais que tes serviteurs savent couper les arbres du Liban, et mes serviteurs iront avec tes serviteurs pour me préparer des bois en quantité, car la Maison que je veux bâtir sera grande et admirable". »

Deuxième livre des Chroniques (2,7-8).

Juniperus phoenicea.

On identifie habituellement le bois de santal avec le genévrier car il figure, avec le cèdre et le cyprès, parmi les bois d'œuvre importés du Liban pour la construction du temple de Jérusalem. Ils sont la plupart du temps cités ensemble car ils ont des propriétés et des symboliques communes. Ce sont des bois recherchés en ébénisterie pour leur texture très fine et leur fragrance durable. Leur signification sacrale est liée à la bonne odeur qui en émane. Ils sont prescrits par Moïse pour la purification des lépreux et de ceux qui ont été souillés par le contact d'un mort (Lv 14,4-51). Le bois du genévrier est brûlé dans les sacrifices et les funérailles.

Ce *Juniperus oxycedrus* appelé aussi cade, est plus grand que notre genévrier commun, puisqu'il peut atteindre cinq mètres avec un tronc qui mesure fréquemment plus d'un mètre. En Italie, la tradition veut que le genévrier ait fourni le bois de la croix du Christ. Cette croyance synthétise ainsi la symbolique du genévrier : ornement de la croix qui remplace les sacrifices du Temple, purification ultime du genre humain par l'offrande du Christ qui meurt en expiation du péché.

Lens culinaris

Lentilles

« Un jour que Jacob faisait cuire un potage, Ésaü (son frère) revint des champs épuisé. Il lui dit : "Laisse-moi manger de cette soupe rousse, car je suis fatigué." Jacob lui dit : "Vends-moi d'abord ton droit d'aînesse." "Je meurs de faim, que m'importe mon droit d'aînesse !" "Jure-le-moi tout de suite." Il jura, et vendit son droit d'aînesse à Jacob. Celui-ci lui donna du pain et un plat de lentilles. Ésaü mangea et but, puis se leva et partit. C'est ainsi qu'Ésaü dédaigna son droit d'aînesse. »

Livre de la Genèse (25,29-34).

Cultivées depuis toujours, au point que les espèces sauvages ont disparu, les lentilles sont des herbes annuelles dont les feuilles imparipennées se terminent par une vrille. Les petites fleurs en grappes se transforment en une gousse renfermant une ou deux graines de forme arrondie, ce qui explique l'extension du terme lentille au vocabulaire de l'optique. Les lentilles étaient des légumineuses fréquentes dans l'alimentation des Hébreux. Elles servaient de provision de route (2 S 17,28) ou étaient mélangées à la farine en temps de disette (Ez 4,9). Quand elles sont dépouillées de leur écorce, elles donnent plus encore une couleur rouge pâle. La tradition rabbinique en fait la première nourriture en cas de deuil, car elle rappelle douloureusement l'épisode de Jacob et d'Ésaü.

Cette sombre histoire d'une rivalité de préséance entre deux frères est un magnifique exemple du réalisme biblique à propos des questions d'héritage. Le thème des frères ennemis est récurrent dans la Bible. Avant le conflit entre Jacob et Ésaü, il y a celui de Caïn et Abel (Gn 4), puis celui de Sem avec Cham (Gn 9,26), Joseph et ses frères (Gn 37), David et ses frères (1 S 17,28), Amnon et Absalom, les fils de David (2 S 13,28). Les frères s'entre-déchirent pour recevoir la bénédiction du père, c'est-à-dire en être l'héritier. Jésus reprendra ce thème dans la très célèbre parabole du fils prodigue (Lc 15). La question qui sert de fil rouge à tous ces conflits fraternels est la suivante : quand le père choisit ou élit l'un de ses fils, doit-il être lié par la primauté de naissance ? Le privilège de succéder au père et de recevoir comme lui la bénédiction de Dieu revient-il de droit à l'aîné ? On s'aperçoit que les récits bibliques brouillent les cartes. Certes, le premier-né est habituellement celui qui bénéficie d'une affection plus grande car le père sait que sa descendance se poursuivra en lui. Israël, comme l'Égypte, accorde ainsi un privilège au premier-né. La dixième et ultime plaie d'Égypte est d'autant plus féroce qu'elle fait mourir les premiers-nés égyptiens (Ex 12,29). Au contraire, le Seigneur dit à Moïse de lui consacrer le premier-né des hommes et du bétail (Ex 13,1). L'aîné recevra la charge du service de Dieu qui est la responsabilité du chef de famille. Le seul texte explicite sur le droit d'aînesse (Dt 21,15-17) indique que, si un homme a deux femmes et que chacune lui donne un fils, il devra accorder en héritage « le privilège de l'aîné » à l'aîné véritable, même si c'est le fils de la femme qu'il n'aime pas. Il semble que ce privilège soit une double part d'héritage. Cependant d'autres textes montrent que l'aîné n'est pas forcément celui qui a la préférence de Dieu ou du père : ainsi Joseph a la préférence de Jacob son père (Gn 37,3) bien qu'il ne soit pas le premier-né. Ruben, le premier-né de Jacob, perd cette prédilection sans doute parce qu'il « alla coucher avec Bilha, concubine de son père » (Gn 35,22). C'est Ruben qui va organiser l'assassinat de son frère Joseph. De même, le premier-né de David et Bethsabée meurt prématurément (2 S 12,15), et c'est Salomon, le deuxième fils, qui est béni par Dieu. Dieu reste totalement libre, au point même d'accorder la prééminence au cadet, comme ce fut le cas pour David lui-même, le plus jeune des fils de Jessé (1 S 16,11). L'aîné a plus souvent des devoirs sur ses frères et sœurs que des droits. C'est lui qui accueillera dans sa maison sa sœur sans époux.

Dans une culture où la polygamie reste longtemps de coutume, la notion de frère a finalement un sens assez large. Ce n'est pas le fait d'être né des mêmes parents qui importe vraiment, mais le fait d'être fidèle au Dieu de ses pères. Le lien entre les membres d'une même famille se subordonne à celui d'une même foi. Cela explique pourquoi les nombreuses généalogies qui ponctuent la Bible (depuis celle de Noé en Gn 5, jusqu'à celles de Jésus qui diffèrent en Mt 1,1-17 et Lc 3,23-38, en passant par celles d'Adam, Juda, David, etc., décrites en 1 Ch 1-9) nous paraissent artificielles et peu conformes à la rigueur historique.

Revenons à notre point de départ : Ésaü cède son droit d'aînesse de manière illicite à Jacob contre un plat de lentilles. Ensuite, Jacob usurpera la bénédiction de son père Isaac devenu aveugle, avec la complicité de sa mère Rebecca, en se travestissant en Ésaü avec des poils de chevreau, car Ésaü était velu. Ésaü n'a plus alors qu'une idée en tête, c'est d'assassiner son frère. Le sens de tout cela, c'est que la véritable fraternité ne se bâtit pas sur le droit d'aînesse. Ce n'est pas le droit d'aînesse qui donne la sagesse, c'est la conformité à la Parole de Dieu. Il s'agit d'ériger la fraternité en valeur universelle par-delà les fortunes de la naissance charnelle.

*Deux chiens et deux dindons (pas très bibliques !) figurent la cruelle ironie de la farce.
La rouerie de Jacob s'étale dans cette main
reposant sur l'épaule du roux et velu Ésaü mangeant son brouet.*

Lilium candidum

La rose de Sharon et le lis dans la vallée profonde.

Lilium candidum

Lis

« Je suis la rose de Sharon, le lis des vallées. Tel un lis au milieu des épines, telle est mon amie parmi les jeunes filles… Mon bien-aimé est frais et vermeil remarquable entre dix mille… Ses joues sont un parterre où poussent des plantes odorantes. Ses lèvres sont des lis distillant la myrrhe liquide. »

Cantique des cantiques (2, 1 ; 5, 10-13).

« Observez les lis : ils ne filent ni ne tissent et, je vous le dis : Salomon lui-même dans toute sa gloire, n'a jamais été vêtu comme l'un d'eux. »

Évangile selon saint Luc (12, 27).

« Lis » et « lotus » semblent avoir des étymologies voisines dans les langues biblique et égyptienne. En fait, dans la Bible, le « lis » désigne un large groupe de plantes. La parure somptueuse du lis que Jésus compare à celle du roi Salomon en fait le symbole de l'amour et plus particulièrement de l'élection de l'être aimé. Dans le christianisme, il désignera l'abandon mystique à la grâce de Dieu et il entre par exemple dans l'iconographie habituelle de la Vierge Marie ou de saint Dominique.

La perfection que signifie la beauté du lis est inaccessible aux seules forces humaines, elle est le don inimaginable de Dieu à qui rien n'est impossible. L'arôme capiteux du lis entraîne sa symbolique vers l'odeur de sainteté décrite par le Siracide (Si 50, 8-9) : « Comme la fleur des roses aux jours du printemps, comme les lis près des sources d'eau, comme la végétation du Liban aux jours de l'été, comme l'encens qui brûle sur l'encensoir […] il [l'auteur fait ici la louange du grand-prêtre Simon, fils d'Onias] remplissait de gloire l'enceinte du sanctuaire. »

Giovanni Bellini,
Saint Dominique.

Linum usitatissimum & Hordeum vulgare

Lin et orge

« Dans tout le pays d'Égypte, la grêle frappa tout ce qui était aux champs, hommes et bêtes… Le lin et l'orge furent frappés car l'orge était en épis et le lin en fleurs. »

Livre de l'Exode (9,25. 31).

Linum usitatissimum.

Pour décider Pharaon à laisser partir les Hébreux, Dieu fait subir successivement dix plaies à l'Égypte. Après la peste du bétail, les furoncles, c'est la grêle qui vient détruire la richesse agricole que représentent le lin et l'orge. Avec la laine, le lin (Pr 31,13) sert, dans la Bible, à la confection des vêtements et plus particulièrement des habits sacerdotaux et des tissus à fonction sacrale comme le linceul (Jn 20,5).

Le lin est une plante annuelle de moins d'un mètre aux grandes fleurs bleues ou roses culminant sur une tige simple garnie de feuilles alternes très étroites. La farine que l'on tire de ses semences a de nombreuses propriétés médicinales. L'usage de l'huile de lin en peinture remonte à une longue tradition qui trouvera son point d'orgue chez les maîtres flamands du XVe siècle, grâce à la préparation perfectionnée par les frères Van Eyck.

L'orge était abondamment cultivée en Égypte et les conséquences du fléau furent considérables. De toutes les céréales, c'est l'orge qui mûrit la première en mars, et l'on comprend que Ruth (Rt 2,2) sitôt arrivée à Bethléem, aille comme tous les pauvres, la glaner dans le champ de Booz, pour assurer la soudure de l'hiver. L'orge est moins estimée que le blé. On l'employait surtout pour la nourriture des animaux dans les contrées d'Égypte et de Palestine où l'avoine n'était pas cultivée. On mangeait cependant l'orge comme le blé, soit en grillant les grains sans autre accommodement, soit en les réduisant en farine. Le pain d'orge était la nourriture des pauvres ou des temps de disette. Les pains multipliés par Jésus pour les cinq mille personnes, à partir des cinq apportés par un garçon, sont des pains d'orge (Jn 6,9).

Le lin et ses caractères (fig. I et II), l'orge (fig. III et IV), mais aussi le froment (fig. V et VI) et l'épeautre (fig. VII).

Lolium temulentum

Ivraie

« Jésus proposa à la foule cette parabole : "Il en va du Royaume des cieux comme d'un homme qui a semé du bon grain dans son champ. Or, pendant que les gens dormaient, son ennemi est venu ; par-dessus, il a semé de l'ivraie au milieu du blé et il s'en est allé". »

Évangile selon saint Matthieu (13,24-25).

Lolium perenne.

Dans le texte grec, le terme exact employé pour désigner la mauvaise herbe, répandue de nuit par l'ennemi de l'agriculteur, est la « zizanie ». Il sème donc la discorde. Entre qui ? Entre les serviteurs, comme le rapporte une autre parabole : « Quel est donc le serviteur fidèle et avisé que le maître a établi sur les gens de sa maison pour leur donner la nourriture en temps voulu ? Heureux ce serviteur que son maître trouvera en train de faire ce travail... Mais si ce mauvais serviteur se dit en son cœur : "Mon maître tarde", et qu'il se mette à battre ses compagnons et boive avec les ivrognes... le maître le chassera et lui fera subir le sort des réprouvés : là seront les pleurs et les grincements de dents » (Mt 24,45-51).

L'ivraie, dans la Bible, est le nom collectif des mauvaises herbes, ronces et épines qui rendent le travail des successeurs d'Adam si pénible (Gn 3,18). Dans la parabole, on peut conjecturer un rapprochement avec l'ivraie enivrante *(Lolium temulentum)* car ses épis sont assez semblables à ceux du blé. Le grain de l'ivraie a une action narcotique produisant nausées, vertiges et convulsions. Mélangé à la farine de blé destinée à la fabrication du pain, il a causé des épidémies, c'est pourquoi l'ivraie a été éradiquée.

Mandragora officinarum & autumnalis

Mandragore

« Étant sorti au temps de la moisson des blés, Ruben trouva dans les champs des mandragores qu'il apporta à sa mère, Léa. Rachel dit à Léa : "Donne-moi donc des mandragores de ton fils", mais Léa lui répondit : "N'est-ce donc pas assez que tu m'aies pris mon mari, pour que tu prennes aussi les mandragores de mon fils ?" Rachel reprit : "Eh bien, qu'il couche avec toi cette nuit en échange des mandragores de ton fils." Le soir, Jacob revint des champs, Léa sortit à sa rencontre et lui dit : "Il faut que tu viennes vers moi, car je t'ai pris à gages pour les mandragores de mon fils", et il coucha avec elle cette nuit là. Dieu exauça Léa, elle devint enceinte et donna un cinquième fils à Jacob. »

Livre de la Genèse (30, 14-17).

La vie des deux matriarches, Rachel et Léa, est tout entière engagée dans l'illustration de la parole du Seigneur : « Soyez féconds et prolifiques » (Gn 1, 28). Jacob avait servi Laban durant sept ans pour obtenir en mariage Rachel « qui était belle à voir ». Le soir des noces, Laban, par un douteux subterfuge, met à sa place Léa, son aînée, « dont les yeux étaient mous », dans le lit de Jacob. Il s'ensuit une concurrence entre les deux sœurs, Jacob ayant dû travailler pour Laban encore sept autres années pour recevoir Rachel. Or Rachel est stérile. Elle convoite donc les mandragores pour leur réputation de plante aphrodisiaque et fécondante, autant qu'elle dispute à Léa la virilité de Jacob.

La mandragore servait d'anesthésique dans les opérations chirurgicales jusqu'au Moyen Âge. Hippocrate notait qu'en petite dose elle combat l'angoisse et la dépression, et qu'à dose plus forte elle a un effet narcotique et hallucinatoire. En raison de sa forme humaine, bien des légendes circulent autour de ses vertus érotiques et génératrices : avec un peu d'imagination, on reconnaît une tête dépassant à peine du sol, surmontée en guise de feuillage, d'une opulente chevelure, puis

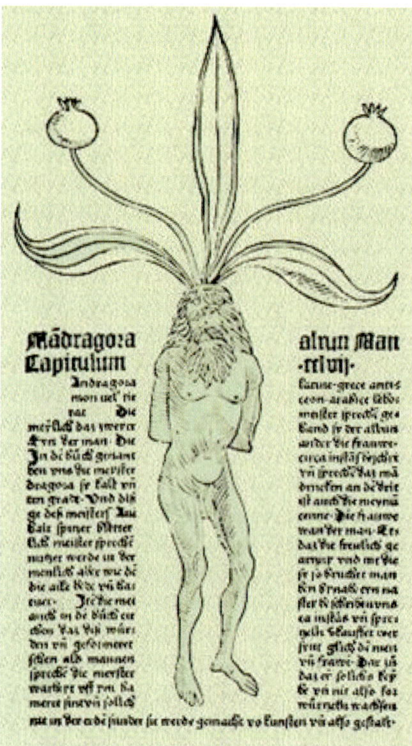

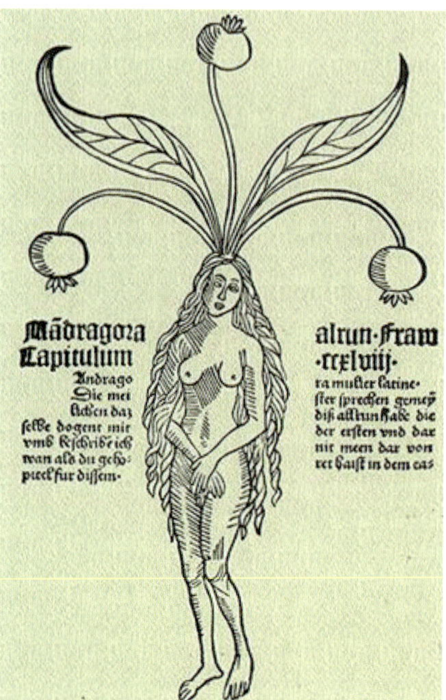

une racine figurant le corps qui se ramifie en deux racines rappelant les jambes. On dit que la mandragore crie quand on la déterre et entendre ce hurlement de souffrance entraîne la mort immédiate. C'est pourquoi, pour la récolter, on l'attache à la queue d'un chien et on se sauve. Le chien détale, arrache la plante et succombe à la place du récoltant.

Si la mandragore a une forme humaine, c'est, dit la cabale, parce qu'elle fut engendrée par la semence d'Adam, perdue pendant un rêve prémonitoire de la venue d'Ève. La mandragore avive ainsi les désirs sexuels et aide à la conception, parce qu'elle est chargée de la puissance génératrice des profondeurs.

Mort et sexualité sont intimement liées dans la symbolique de la mandragore comme elles l'étaient dans la mentalité biblique archaïque. La femme stérile ou le couple sans enfant sont une épreuve redoutable, tant est fort le désir d'enfant dans une société plus désespérément exposée à la mort que le plus démuni des pays sous-développés aujourd'hui. Bien avant toute idée d'une résurrection des morts, la vie éternelle passe par une descendance nombreuse. « Il y a trois choses insatiables et quatre qui jamais ne disent : “Assez” : le shéol, le sein stérile, une terre non rassasiée d'eau et le feu qui ne dit jamais “assez” » (Pr 30, 15-16).

*La mandragore (fig. I) est associée par Scheuchzer au lis (fig. II),
car certains traducteurs l'ont appelé dudain, comme la mandragore,
parce que son oignon ressemble à une mamelle, de même que la violette blanche (fig. III),
et à la truffe (fig. IV).*

Myrtus communis

Myrte

« Le Seigneur dit aux fils d'Israël : "Sortez dans la montagne et rapportez du feuillage d'olivier, d'olivier sauvage, de myrtes, de palmiers et d'arbres touffus pour faire des huttes". »

Livre de Néhémie (8, 15).

« Au lieu de la ronce croîtra le cyprès, au lieu de l'ortie croîtra le myrte, cela constituera pour le Seigneur une renommée, un signe perpétuel qui ne sera jamais retranché. »

Livre d'Isaïe (55, 13).

Très répandu dans tout le Bassin méditerranéen, le myrte est un arbuste à feuilles persistantes qui figure parmi les quatre espèces prescrites aux Israélites pour la fête des Tentes. Durant cette fête joyeuse, célébrée après les récoltes, chaque famille construit une hutte de branchages, pour commémorer le séjour des fils d'Israël dans le désert, où ils vécurent sous les tentes.

Les charmes et les senteurs du myrte symbolisent la bénédiction, l'infinie bonté de la création, d'où l'utilisation de ses branches pour de nombreux rituels. Le myrte peut atteindre cinq mètres de hauteur. Les fleurs ont cinq pétales avec de grandes étamines. Elles donnent ensuite des baies d'un bleu profond que l'on peut consommer en confiture. Les feuilles, en macération dans du bon vin, produisent une boisson apéritive. Bien qu'elle ne soit pas biblique, cette jolie superstition atteste l'attrait du myrte : on ne doit jamais passer près d'un myrte sans en cueillir un rameau. Être indifférent au myrte, c'est manquer d'humanité ! Pour ceux qui n'ont jamais vu de myrte, nos airelles myrtilles *(Vaccinium myrtillus)*, bien que n'étant pas de la même famille, lui ressemblent par leurs feuilles et leurs fruits, d'où le nom de *Myrtus*.

« Le sapin au lieu du buisson et le myrte au lieu de l'épine et de l'ortie »
(Is 55, 13).

Narcissus tazetta

Narcisse

« Qu'ils se réjouissent, le désert et la terre aride, que la steppe jubile et qu'elle fleurisse. Comme le narcisse qu'elle fleurisse abondamment, qu'elle exulte, éclate en cris de joie ! »

Livre d'Isaïe (35, 1-2).

Parce qu'il est l'une des premières fleurs de printemps, le narcisse aux couleurs éclatantes de fraîcheur est une plante joyeuse qui signale la fin de l'hiver. Par son étymologie grecque (*narké*, qui donne narcose, engourdissement, presque envoûtement), le narcisse rappelle le mythe de ce jeune homme qui, se mirant avec complaisance dans le reflet de l'eau, finit par s'y noyer. Le narcisse biblique est plus simplement le symbole de la simple fraîcheur du printemps annonçant le renouveau, grâce aux réserves nutritives contenues dans son bulbe. Celui-ci, symbole de résistance aux intempéries, a inspiré les architectes qui imaginèrent le clocher à bulbe comme fanal de vitalité éternelle.

Olea europaea

Olivier

« Cent cinquante jours après le déluge, les eaux diminuèrent… et l'arche de Noé reposa sur le mont Ararat… Au bout de quarante jours, Noé ouvrit la fenêtre de l'arche et lâcha d'auprès de lui la colombe, pour voir si les eaux avaient diminué de la surface du sol… Sur le soir, la colombe revint à lui et voilà qu'elle tenait en son bec une feuille d'olivier toute fraîche. »

Livre de la Genèse (8, 6-11).

« Un jour les arbres s'étaient mis en route pour aller oindre celui qui serait leur roi. Ils dirent à l'olivier : "Règne donc sur nous." L'olivier leur dit : "Vais-je renoncer à mon huile par laquelle on honore les dieux et les hommes pour aller m'agiter au-dessus des arbres ?" »

Livre des Juges (9, 8-9).

Dieu provoque le déluge pour punir la méchanceté des hommes coupables de se complaire dans le mal. Il semble se repentir d'avoir créé l'homme et seul le juste Noé a préservé en lui le sens du bien. Noé est donc chargé par Dieu de construire une arche dans laquelle il s'enferme avec toute sa famille, et sept couples de tous les animaux pour en perpétuer l'espèce. Les plantes ne sont pas embarquées et échappent à la malédiction divine. Ce sont elles qui réapparaîtront les premières. La colombe et le brin d'olivier sont le symbole de la paix recouvrée après le passage de la destruction. Certaines traditions ont soin de préciser que la colombe revint avec des traces de boue. Un nouvel avenir s'ouvre dans l'arc-en-ciel à partir d'un petit reste préservé de la corruption. L'olivier est l'arbre civilisateur par excellence dans tout le Bassin méditerranéen. Son huile est porteuse d'un double symbole de force vitale et de lumière. Pure et fraîche, l'huile d'olive, employée en massage, a le pouvoir d'assouplir la peau, de détendre les muscles, de dissiper la lassitude. Elle s'oppose à la déperdition thermique et on peut lui supposer un pouvoir énergétique. Moïse maudit celui qui n'écoute pas la voix du Seigneur en lui annonçant : « Tu auras des oliviers dans tout ton territoire, mais tu n'auras pas d'huile pour enduire ton corps, car tes olives tomberont » (Dt 28, 40).

L'huile est aussi le soleil liquide, mystérieux état premier de la flamme des lampes, clarté anticipatrice, pour les chrétiens, du jour qui ne connaît pas de déclin, la vie avec le Christ ressuscité à jamais vivant.

L'arche de Noé repose sur le mont Ararat
pendant qu'une colombe vient cueillir un rameau d'olivier.
Tous les caractères de l'olivier, son fruit, sa fleur, entourent la scène.

Deux buissons d'hysope devant le Sinaï reprennent pour Scheuchzer sa double symbolique de purification s'accomplissant de la Pâque juive à la Pâque chrétienne : « La bonne odeur de l'hysope et son goût amer représentent le sacrifice unique de Jésus Christ et nous engagent à pratiquer de bonnes œuvres afin de les offrir à Dieu avec toute la dilection dont nous sommes capables. »

Origanum syriacum

Hysope

« Moïse convoqua tous les anciens d'Israël et leur dit : "Prélevez et prenez pour vous du petit bétail selon vos familles et immolez la Pâque ! Vous prendrez un bouquet d'hysope et vous le plongerez dans le sang qui sera dans la cuvette, vous toucherez au linteau et aux deux jambages avec le sang qui sera dans la cuvette. Quant à vous, nul ne sortira de la porte de sa maison jusqu'au matin. Et le Seigneur passera pour frapper l'Égypte, il verra le sang sur le linteau et les deux jambages, alors le Seigneur sautera au-delà de la porte et ne permettra pas à l'exterminateur d'entrer dans vos maisons pour frapper. »

Livre de l'Exode (12,21-23).

« Purifie-moi avec l'hysope, et je serai pur ; lave-moi et je serai blanc, plus que la neige. »

Psaume (50,9).

« Après quoi, sachant que désormais tout était achevé pour que l'Écriture fût parfaitement accomplie, Jésus dit : "J'ai soif." Un vase était là, rempli de vinaigre. On fixa une éponge imbibée de ce vinaigre au bout d'une branche d'hysope et on l'approcha de sa bouche. »

Évangile selon saint Jean (19,28-29).

L'hysope appartient à la même famille que nos origan et marjolaine. C'est une plante aromatique qui pousse dans les endroits rocailleux. Ses tiges droites, un peu ligneuses à la base, forment un buisson nain. On la remarque facilement à ses feuilles sessiles, très étroites, généralement vertes et à ses fleurs à corolle en tube à deux lèvres de couleur bleu foncé. Ses branches aux feuilles raides se prêtent bien à la fabrication d'un petit balai pour les aspersions. À de nombreuses reprises, on la retrouve donc comme instrument liturgique dans les cérémonies de purification (Lv 14,52 ; Hb 9,19). Le passage le plus embarrassant pour l'identification de l'hysope est celui de l'évangile selon saint Jean. Au plan technique, les tiges de l'hysope paraissent trop faibles pour supporter le poids de l'éponge remplie de vinaigre qui est tendue vers la bouche de Jésus mis en croix. Dans les passages parallèles des autres évangiles (Mt 27,48 et Mc 15,36) il s'agit d'un roseau. On peut concilier les deux versions, en observant que, pour l'aspersion, on attachait trois rameaux d'hysope à un bâton de cèdre (ou genévrier, *Juniperus oxycedrus*) avec un fil écarlate, de façon à former un petit balai ou aspersoir qui s'appelait l'hysope. Cette synecdoque entre l'aspersion purificatoire et la plante montre ainsi clairement l'identification que fait l'évangéliste entre la mort ignominieuse de Jésus et le rituel pascal. On la retrouve plus loin quand, le soldat ayant frappé de sa lance le côté de Jésus, l'évangéliste ajoute : « Tout cela est arrivé pour que s'accomplisse l'Écriture : Pas un de ses os ne sera brisé » (Jn 19,36). Cette citation renvoie d'une part à l'agneau pascal dont Moïse prescrit : « Vous n'en briserez aucun os » (Ex 12,46) et, d'autre part, au juste du psaume 34,20 : « Malheur sur malheur pour le juste, mais le Seigneur le délivre. Il veille sur chacun de ses os : pas un ne sera brisé. » Le message de l'épître aux Hébreux est tout entier consacré à cette subversion-transfiguration du rituel sacrificiel de l'ancienne Alliance par la mort unique de Jésus. Jésus, le seul juste, l'agneau pascal désigné par Jean-Baptiste (Jn 1,29) comme « celui qui enlève le péché du monde », repousse définitivement le pouvoir de l'exterminateur.

Sans pouvoir attester que l'on utilisait à l'époque de Jésus les propriétés médicinales de l'hysope, il vaut quand même la peine de relever, dans le cadre de la crucifixion, que l'huile essentielle de l'hysope déclenche des crises d'épilepsie. Elle est aussi efficace dans les affections bronchiques quand il s'agit de fluidifier les sécrétions qui encombrent les voies respiratoires. Son action se porte sur les muqueuses et les centres nerveux de la respiration qui s'en trouve alors facilitée. On sait en effet que le supplice romain consistait à faire mourir les crucifiés par étouffement : le supplicié ne pouvant se porter par la douleur de ses membres attachés par des clous, cela entraîne un affaissement de la cage thoracique. C'est pourquoi, pour accélérer le dénouement fatal, on lui brise les jambes (Jn 19,31). Jésus étant déjà mort, le soldat le frappa au côté (Jn 19, 34) et il en sortit du sang et de l'eau que l'on peut identifier aux sécrétions pulmonaires. Il est donc envisageable de penser que l'hysope tendue vers Jésus avait pour fonction, avec le vinaigre, de calmer ses souffrances.

Origanum vulgare.

Paliurus spina-christi

Épines

« Alors les soldats du gouverneur emmènent avec eux Jésus dans le prétoire et ils ameutent sur lui toute la cohorte. L'ayant dévêtu, ils lui mettent une chlamyde écarlate. Ils tressent une couronne avec des épines, ils la mettent sur sa tête et un roseau dans la main droite. »

Évangile selon saint Matthieu (27,27-29).

Jan Mostaert,
Le Christ couronné d'épines.

Sur la couronne d'épines et de dérision enfoncée par les soldats sur la tête de Jésus, l'enquête historique et botanique ne nous livre que le contenu de la dérision : « Salut, roi des Juifs » (Mt 27,29). Ce mot « salut » est la traduction du grec *chaire* : il exprime une heureuse salutation de paix et c'est, par exemple, celui qui est employé par l'ange de l'annonciation à Marie, où on le traduit par « Sois joyeuse », « Réjouis-toi », ou encore « Tressaille d'allégresse ». Toujours reconnaissable, le cynisme pervers des bourreaux conserve impudemment son odieuse signification à travers les siècles.

Les plantes épineuses abondent en Palestine, et il n'est guère possible d'identifier précisément celle qui a servi à la couronne d'épines du Christ (*Zizyphus spina-christi, Sarcopoterium spinosum, etc.*). Soulignons simplement deux figures bibliques qui entourent les épines de la Passion. « Le Seigneur dit à Adam : Maudit soit le sol à cause de toi ! À force de peines tu en tireras subsistance tous les jours de ta vie. Il produira pour toi épines et chardons et tu mangeras l'herbe des champs. À la sueur de ton visage tu mangeras ton pain, jusqu'à ce que tu retournes au sol, car de lui tu as été pris. Car poussière tu es, et à la poussière tu retourneras » (Gn 3,17-19).

« Celui qui a été ensemencé dans les épines, c'est celui qui entend la Parole, mais le souci du monde et la séduction des richesses étouffent la Parole, et il reste sans fruit » (Mt 13,22). Tel est le sens fondamental de la Passion du Christ : si le grain ne meurt (Jn 12,24), si la Parole n'est pas enfouie, si le Verbe n'est pas soumis au travail (le *trepalium* de la torture), il ne porte pas de fruit, il ne recrée pas l'homme à l'image et à la ressemblance de son Créateur.

Dans le prétoire, les soldats de la cohorte
tressent une couronne d'épines et l'enfoncent sur la tête de Jésus.
Fascinée par les rameaux d'épines qui se lovent sur le sol comme des serpents,
une femme s'est jointe à eux.

Phœnix dactylifera

Palmier dattier

« Une grande foule venue à la fête [de la Pâque] ayant appris que Jésus se rendait à Jérusalem, ils prirent des rameaux de palmiers et sortirent à sa rencontre en criant : "Hosanna ! Béni soit celui qui vient au nom du Seigneur, le roi d'Israël". »

Évangile selon saint Jean (12, 12-13).

Le nom hébreu du palmier *(tamar)* fait allusion au port élancé de ce bel arbre pouvant atteindre vingt mètres. Son tronc très droit est surmonté par une couronne de quarante à cinquante feuilles très amples, découpées suivant un mode penné. C'est aussi un nom de femme (celui, par exemple de la belle-fille de Juda et de la fille de David). Sa beauté explique pourquoi l'épouse du Cantique des cantiques lui est comparée (Ct 7, 8-9). On le trouve représenté sur de nombreux bas-relief tant en Égypte qu'en Assyrie. Il poussait en abondance dans la région de la mer Morte, et Jéricho (à quelques kilomètres au nord, véritable oasis dans le désert) est appelée « la ville des palmiers » (2 Ch 28, 15). Plus au sud, se trouvent les vestiges d'une ville appelée aussi Tamar. Le voyageur redécouvre aujourd'hui, après leur disparition durant des siècles, près du site de Qumrân, de vastes palmeraies irriguées. On tirait du palmier dattier une sorte de pain, du vin, du vinaigre, des gâteaux et des tissus. Une chanson perse énumérait trois cent soixante usages différents du dattier, c'est-à-dire presque un par jour.

Jésus est acclamé avec des palmes comme un roi alors qu'il monte de Béthanie vers Jérusalem (Jn 12, 13-15). Le nom de Béthanie, qui est située à l'est de Jérusalem en direction de Jéricho, peut signifier « maison des dattes ». L'évangéliste explique le geste de Jésus et de la foule en citant le prophète Zacharie (9, 9) : « Ne crains pas, fille de Sion, voici ton roi qui vient, il est monté sur le petit d'une ânesse. » Cette entrée triomphale a pour modèle celle de Simon Maccabée lorsqu'il eut vaincu les Syriens deux siècles auparavant : « Les juifs firent leur entrée à Jérusalem… avec des acclamations et des palmes, au son des lyres, des cymbales et des harpes, au chant des hymnes et des cantiques, parce qu'un grand ennemi avait été brisé et jeté hors d'Israël » (1 M 13, 51). Cette dernière fait allusion à la montée de David venant installer l'arche d'alliance dans Jérusalem qu'il vient de conquérir : « David tournoyait de toutes ses forces devant le Seigneur… David et toute la maison d'Israël faisaient monter l'arche du Seigneur en poussant des acclamations et en sonnant du cor » (2 S 6,14-15).

Jésus ne danse pas comme David. Il sait qu'il s'avance vers le dénouement fatal de son conflit avec ses adversaires. Mais, comme David, il découvre sa nudité. Lors de son procès et de sa crucifixion, les passants vont railler ce titre de roi que la foule lui donne maintenant. La palme des martyrs est le symbole universel de la victoire décrite par l'Apocalypse : « Je vis : c'était une foule immense que nul ne pouvait dénombrer, de toutes nations, tribus, peuples et langues. Ils se tenaient debout devant le trône et devant l'Agneau, vêtus de robes blanches et des palmes à la main. Ils proclamaient à haute voix : “Le salut est à notre Dieu qui siège sur le trône et à l'agneau” » (Ap 7,9-10).

Nos palmes académiques, décernées en France par le ministère de l'Éducation nationale, viennent nous rappeler, non pas que l'éducation est une tâche impossible (encore que !), mais que, avant d'être juif et chrétien, les palmes sont d'abord un symbole de la religiosité civile grecque. On les offrait comme un signe de distinction, de victoire ou d'excellence aux héros ou aux athlètes.

Le Seigneur fera entrer Israël
dans un pays où rien ne lui manquera,
un pays dont les montagnes sont des mines de cuivre.

Pistacia vera

Pistachier

« Leur père Israël dit à ses fils : "Prenez pour les descendre dans vos bagages des cueillettes du pays pour les offrir à cet homme : un peu de résine, un peu de miel, de la gomme adragante et du ladanum, des pistaches et des amandes". »

Livre de la Genèse (43,11).

Pistacia vera.

Pistacia terebinthus.

Après qu'il eut été vendu par ses frères à une caravane de marchands, Joseph, le fils de Jacob surnommé Israël, est devenu le riche et puissant intendant de Pharaon. Ses frères, venus acheter du blé en Égypte, sont contraints à un marchandage par Joseph qui ne s'est pas fait reconnaître. Les pistaches figurent parmi les meilleurs fruits du commerce. Elles étaient mangées fraîches comme les amandes, ou séchées et utilisées comme épices.

Le pistachier est un petit arbre à croissance lente. Il ne pousse pas à l'état sauvage en Palestine et il était importé de Perse et de Syrie. Ses feuilles composées de trois-cinq folioles larges (quatre centimètres et plus) sont obtuses et velues. Les fruits en grappes s'entrouvrent en deux valves à maturité, découvrant l'amande d'un vert tendre revêtue d'une mince peau rougeâtre. On trouve par contre en Palestine le térébinthe *(Pistacia terebinthus)* qui fournit lui aussi des pistaches mais plus petites et de moindre qualité gustative. C'est un grand arbre que l'on confond avec le chêne *(Quercus ithaburrensis,* ou *aegilops)* bien que ses feuilles caduques soient composées alors que celles du chêne sont lobées et entières.

Les pistaches représentent ici l'emprise du commerce sur les réalités humaines et cette tentation jamais éteinte de réduire l'homme à une chose.

Platanus orientalis

Platane

« Le cèdre était beau par sa grandeur, par l'ampleur de son branchage : ses racines s'étendaient jusqu'aux grandes eaux. Les cèdres du jardin de Dieu ne l'égalaient pas, les cyprès n'étaient pas comparables à ses rameaux ni les platanes à ses branches ; aucun arbre dans le jardin de Dieu ne lui était comparable en beauté. Je l'avais fait beau par l'abondance de sa ramure, tous les arbres d'Éden qui étaient dans le jardin de Dieu le jalousaient. »

Livre d'Ézéchiel (31,7-9).

« Les platanes du mont Athos peuvent être comparés en hauteur aux cèdres du mont Liban et aux hauts sapins du mont Olympe et Aman. » On pourrait croire que l'auteur de ces mots, Pierre Belon, fait un commentaire d'Ézéchiel. S'agit-il là de l'une de ces curieuses réminiscences littéraires inconscientes, auxquelles sont habitués tous les écrivains ? Pierre Belon (1517-1564) écrit ces lignes vers 1546, alors qu'il a effectué au Moyen-Orient un voyage d'étude pour accompagner l'ambassadeur de France, Gabriel d'Aramon, en délégation à Constantinople. Il visite Antioche, Jérusalem, où il espère découvrir quelle espèce a servi à la couronne d'épines, l'Égypte, la Cyrénaïque. Pierre Belon tente ensuite de promouvoir l'introduction d'espèces exotiques en France et il incite, vers 1556, Diane de Poitiers, la maîtresse de Henri II, à installer un platane dans le domaine des Clayes qu'elle vient de recevoir en don de ce dernier. Il s'agit en fait d'une réintroduction, puisque le platane croissait en France à la fin de l'ère tertiaire, les froids du Quaternaire l'ayant repoussé vers le Moyen-Orient. Pierre Belon n'ignore pas qu'on en trouve quelques spécimens à Rome.

« Cette petite forêt est composée de vingt cèdres d'une grosseur prodigieuse, et telle qu'il n'y a aucune comparaison à faire avec les plus beaux platanes, sycomores, et autres gros arbres que nous avons vus jusqu'alors. » Encore un commentaire d'Ézéchiel ? Il s'agit cette fois de Jean de la Roque, dans son ouvrage de 1722, *Voyage de Syrie et du mont Liban.* Comparaison n'est pas raison. La similitude des expressions nous indique simplement que le platane est un bel arbre, fréquent dans les pays bibliques. Recherché pour l'ombre de ses larges feuilles alternes, comme il l'est aujourd'hui sur tous les mails du Midi, le platane était probablement utilisé pour la qualité mécanique de son bois et la douceur de sa fibre. Son nom vient du grec *platanos*, de l'adjectif *platus* qui signifie large et plat : certains diront que c'est à cause de ses feuilles larges et plates, d'autres, en raison des larges plaques de son écorce qu'il perd en abondance durant les étés particulièrement chauds et secs. Le platane de nos routes, jardins, cours de récréation *(Platanus x acerifolia)* est un hybride du *Platanus orientalis* et de son cousin le *Platanus occidentalis* importé de l'est des États-Unis. Le croisement se serait produit en Angleterre vers 1700.

Le platane ne semble pas être porteur d'une symbolique particulière dans la mentalité biblique, hormis celle du grand arbre protecteur, alors que, chez les Anciens, il était consacré à Zeus et symbolisait la paix, l'élévation morale et la sagesse éternelle. Notre religiosité contemporaine aurait plutôt tendance à en faire le symbole de tous les égratignés : automobilistes inconséquents, amoureux en pâmoison tailladant la date de leurs émois dans un cœur bien rond, potaches révoltés finissant sournoisement d'avaler leur colère derrière le tronc placide d'un de ces géants martyrisé à coups de compas.

Punica granatum

Grenade

« Moïse envoya des hommes pour explorer le pays de Canaan. Ils atteignirent la vallée d'Echkol où ils coupèrent un sarment et une grappe de raisin qu'ils portèrent à deux au moyen d'une perche. Ils prirent aussi des grenades et des figues. »
Livre des Nombres (13,23).

Avant d'entrer dans la Palestine actuelle, les fils d'Israël, ayant fui l'Égypte, envoient des émissaires en reconnaissance dans le pays qu'ils vont conquérir avec l'aide de Dieu. Ils découvrent une contrée « regorgeant de lait et de miel » selon l'expression stéréotypée, c'est-à-dire une heureuse alternative au désert aride dans lequel ils cheminent depuis quarante ans. La grenade charnue avec ses nombreux pépins est un symbole de fécondité, de postérité nombreuse et par conséquent de prospérité. La mystique chrétienne transposera cette symbolique féminine à l'immense variété de la fécondité spirituelle, et la suavité de son jus à celle de la jouissance de l'amour divin. Le bien-aimé du Cantique des cantiques ne se lasse pas de comparer le corps de sa bien-aimée à la douceur de la grenade : « Tes lèvres sont comme un fil d'écarlate et ta langue est jolie, ta joue est comme une tranche de grenade derrière ton voile » (Ct 4, 3). « Dès le matin nous irons aux vignes, nous verrons si la vigne a fleuri, si le bouton s'est ouvert, si

Punica granatum.

Hans Burgkmair l'Ancien,
Vierge à l'Enfant tenant une grenade.

les grenadiers ont des fleurs, là je te donnerai mes caresses» (Ct 7,13). Au Moyen Âge, cette figure littéraire sera sublimée par Bernard de Clairvaux (1090-1153) dans l'amour du Christ pour son Église et pour chacun de ses membres. Saint Bernard a écrit un très célèbre commentaire du Cantique des cantiques et son biographe et ami, Guillaume de Saint-Thierry, explique ainsi l'intérêt que saint Bernard portait à ce livre depuis son enfance : «La veille de la nativité du Seigneur, lorsque Bernard était encore tout jeune garçon, comme il dormait dans la maison de son père, il lui sembla voir la Vierge enfanter et le Verbe-Enfant naître d'elle [...] Alors le jeune Bernard vit apparaître à lui le saint Enfant Jésus naissant, qui augmenta sa foi tendre encore et jeta dans son âme les premiers germes de la divine contemplation. Il se manifesta à lui comme un Époux sortant une nouvelle fois de la chambre nuptiale. Le Verbe-Enfant, le plus beau des enfants des hommes, lui apparut comme si, de nouveau sous ses yeux, il naissait du sein de la Vierge Mère, attirant à soi les puissances affectives, qui déjà n'avaient plus rien d'enfantin, du jeune Bernard.» Pour saint Bernard, il n'y a pas de noms plus doux pour dire les tendres affections du Verbe et de l'âme que ceux d'époux et d'épouse. Ainsi la grenade est-elle le plus beau fruit que le Christ tend à tous ceux qui entrent dans l'étreinte de son amour divin.

Quercus ithaburensis & Pistacia atlantica

Le chêne et le térébinthe

« Débora, la nourrice de Rébecca, mourut et fut enterrée au-dessous de Béthel, au pied du chêne que Jacob appela "le chêne des pleurs". »

Livre de la Genèse (35, 8).

« Le Seigneur apparut à Abraham au chêne de Mambré alors qu'il était assis à l'entrée de la tente dans la pleine chaleur du jour. Il leva les yeux et vit trois hommes debout près de lui. À leur vue, il courut de l'entrée de la tente à leur rencontre, se prosterna à terre et dit : "Mon Seigneur, si j'ai pu trouver grâce à tes yeux, veuille ne pas passer loin de ton serviteur". »

Livre de la Genèse (18, 1-2).

« Mon peuple consulte son arbre et c'est sa branche qui le renseigne, car un esprit de prostitution l'égare et, en se prostituant, ils se soustraient à leur Dieu. Sur le sommet des montagnes, ils ont coutume de sacrifier, et sur les collines de brûler des offrandes, sous le chêne, le peuplier et le térébinthe, car leur ombre est bonne. »

Livre d'Osée (4, 12-13).

Dans les traductions de la Bible, le chêne et le térébinthe sont souvent confondus. En effet, ils sont étroitement associés par une étymologie très proche (les deux mots contiennent la racine *el*, Dieu) et par une même apparence physique faite de force et de robustesse. Cet apparent flottement sémantique ne gêne pas l'homme de la Bible, étranger à notre mentalité scientifique. Souvenons-nous ici que c'est seulement depuis le XVIIIe siècle qu'il est d'usage d'adopter une nomenclature binaire en genre et espèce pour désigner de manière précise les plantes. Le botaniste suédois Carl von Linné (1707-1778) est l'un des principaux auteurs de la classification scientifique des plantes et beaucoup de plantes lui doivent leur nom. Il est un peu notre Adam moderne (Gn 2, 19-20 : « Le Seigneur Dieu modela du sol toute bête des champs et tout oiseau du ciel qu'il amena à l'homme pour voir com-

Quercus robur.

ment il les désignerait… L'homme désigna par leur nom tout oiseau du ciel et toute bête des champs, mais pour lui-même, l'homme ne trouva pas l'aide qui lui soit accordée »). On notera que la comparaison entre Adam et Linné est relative, puisque Adam n'a pas la charge de donner un nom aux plantes, mais seulement aux oiseaux et aux bêtes. Sans doute parce que cette prérogative appartient à Dieu lui-même qui a planté un jardin en Éden pour y établir l'homme, le garder et le cultiver (Gn 2, 15).

De nombreuses variétés du chêne poussent dans les pays bibliques. Il s'agit toujours d'un arbre solide et puissant (l'étymologie hébraïque vient de dur, fort) dont l'ombre est recherchée. Sa grande longévité et son emplacement souvent en isolé font de lui un point de repère stable dans la géographie et dans la mémoire. L'ombre est toujours synonyme de repos, et l'on comprend que le repos éternel, la mort, demande que l'on soit enterré sous une ombre dense et pérenne. On retrouve très souvent, dans la Bible, le triptyque : ombre, repos, mort, qui sera par exemple mis en scène avec le ricin dans le livre de Jonas (Jon 4).

Le térébinthe est lui aussi un grand arbre à l'aspect imposant qui dégage naturellement un espace de culte et de sépulture.

Chêne et térébinthe sont par excellence les arbres sacrés. Terrestres par leurs racines, célestes par leurs frondaisons, mystérieusement faits d'eau et capables de feu, ils unissent la terre et le ciel. Ce sont des axes cosmiques. Leur pérennité fait d'eux les confidents des humeurs passagères des hommes, et le constant renouvellement des saisons, qui passent sur eux sans apparemment les affecter, le symbole de la force de vie triomphant de la mort.

Retama raetam

Genêt

Retama monosperma.

« Élie se leva et partit pour sauver sa vie. Il arriva à Bersabée qui est à Juda, et il laissa là son serviteur. Lui-même s'en alla au désert, à une journée de marche, et il s'assit sous un genêt. Il se souhaita la mort et dit : "C'en est assez à présent, Seigneur, prends ma vie car je ne suis pas meilleur que mes pères !" Puis il se coucha et s'endormit sous le genêt. »

Premier livre des Rois (19,4-5).

Le violent conflit qui vient d'opposer le prophète Élie aux prophètes de Baal et à la reine Jézabel l'a plongé dans une évidente dépression. Le psaume 120, 1-4 l'illustre bien : « Dans ma détresse, j'ai appelé le Seigneur et il m'a répondu. Seigneur, délivre-moi des lèvres fausses, de la langue trompeuse ! Que te donner, que t'infliger de plus, langue à mensonge ? Des flèches de guerre, aiguisées avec des braises de genêt. Malheur à moi : je dois vivre en exil et camper dans un désert. » On faisait en effet avec le genêt du charbon de bois donnant une chaleur forte et des braises de longue durée. Les braises de genêt sont ainsi une image de la calomnie. Élie s'enfuit au désert pour se fuir lui-même. Dieu vient à sa rencontre sous le genêt et lui apporte par l'intermédiaire d'un ange « une galette cuite sur les pierres chauffées et une gourde d'eau » (1 R 19,6). Élie a bien besoin de réconfort sous la pauvre ombre du genêt qui accepte de pousser dans les régions désertiques. À deux reprises, l'ange le réveille et lui conseille de manger ces provisions de route. Élie marche alors « quarante jours et quarante nuit, jusqu'à la montagne de Dieu, l'Horeb » (1 R 19,8). On pourrait écrire ici tout simplement « jusqu'à la montagne ». Le chiffre de quarante jours et quarante nuit est une allusion directe au chiffre symbolique des quarante années durant lesquelles les Hébreux marchent dans le désert (Nb 14,33), et au séjour de quarante jours et quarante nuits au cours duquel Moïse reçoit la Loi du Seigneur inscrite sur les tables de pierre (Ex 24,18). Lieu de la théophanie (la manifestation de Dieu) la symbolique de la montagne est centrale dans l'épisode de la Transfiguration (Lc 9,28-36) où Jésus « s'entretient avec Moïse et Élie ». Là ce n'est pas sous un genêt mais sous des tentes que Pierre « accablé de sommeil » (Lc 9,32) propose de se reposer.

Retama raetam

Élie s'en alla au désert,
se coucha et s'endormit sous un genêt isolé.

Jonas sortit et s'installa à l'est de Ninive.
Le Seigneur dépêcha un ricin qui grandit au-dessus de Jonas
et lui causa une grande joie.

Ricinus communis

Ricin

« Alors le Seigneur Dieu dépêcha un ricin qui grandit au-dessus de Jonas, pour qu'il y ait de l'ombre sur sa tête pour le tirer de sa mauvaise passe. Jonas fut joyeux d'une grande joie à cause du ricin. Le lendemain, à l'aurore, Dieu dépêcha un ver qui piqua le ricin et celui-ci se dessécha… Alors Dieu lui dit : "Est-ce bien à toi de t'irriter à cause du ricin ?" Jonas dit : "C'est bien que je m'irrite jusqu'à la mort !" Le Seigneur lui dit : "Toi tu t'es apitoyé sur le ricin pour lequel tu n'as point peiné et que tu n'as pas fait pousser, lui qui a existé l'espace d'une nuit et a péri l'espace d'une nuit. Et moi, je ne m'apitoierais pas sur Ninive, la grande ville, dans laquelle il y a plus de douze myriades d'hommes qui ne distinguent pas entre leur droite et leur gauche, ainsi que des bêtes en grand nombre !" »

Livre de Jonas (4,6-11).

Le délicieux petit livre de Jonas est une magnifique parabole sur la difficulté d'être prophète quand on est, comme Jonas, ce que l'on appellerait aujourd'hui un « sale gosse », bête, têtu et craintif. Jonas est déboussolé devant l'attitude de Dieu qu'il ne comprend pas. Ainsi le ricin peut représenter l'aspect inintelligible de l'existence pour celui qui ne s'en remet qu'à la logique de ses propres forces. Le texte insiste sur le fait que les bêtes elles-mêmes sont pourtant capables de comprendre l'appel de Dieu à la conversion. Le roi de Ninive prescrit en effet le rituel de conversion, après avoir entendu l'exorde de Jonas : « Interdiction est faite aux hommes et aux bêtes, au gros et au petit bétail, de goûter à rien ; interdiction est faite de paître et interdiction est faite de boire de l'eau. Hommes et bêtes se couvriront de sacs et ils invoqueront Dieu avec force. Chacun se convertira de son mauvais chemin et de la violence qui reste attachée à ses mains » (Jon 3,7-8).

La plante désignée par le terme hébreu *qîqayôn* est inconnue. C'est la tradition médiévale, reprise dans l'hébreu moderne, qui l'identifie au ricin. Cette tradition lui convient bien. Il pousse rapidement et donne une ombre abondante par une végétation luxuriante pouvant atteindre quatre mètres. Gageons que le message, pour Jonas, va encore plus loin. L'huile de ricin, extraite de ses graines, a de bienfaisantes vertus purgatives et laxatives fort opportunes, ici, pour apaiser l'amertume et la peur qui lui tiennent au ventre.

Rosa phoenicia

Rose

Nerium oleander.

« La Sagesse fait son propre éloge, au milieu de son peuple elle montre sa fierté… Je me suis enracinée chez un peuple plein de gloire, dans le domaine du Seigneur se trouve mon héritage. J'y ai grandi comme le cèdre du Liban, comme le cyprès sur le mont Hermon. J'ai grandi comme le palmier d'Engaddi, comme les plants de roses de Jéricho, comme un olivier magnifique dans la plaine, j'ai grandi comme un platane. »

Livre du Siracide (24, 1.12-14).

Anastatica hierochuntica.

Le nom de la rose ne se rencontre pas dans les textes hébreux de l'Ancien Testament. Il ne se trouve que dans les textes grecs. Soit parce que ceux-ci furent écrits en hébreu et que nous ne possédons plus que le manuscrit grec, comme pour le Siracide cité ici. Soit parce que le livre fut composé en grec, tel le livre de la Sagesse, avec cette occurrence : « Enivrons-nous de vins de prix et de parfums, ne laissons point passer la fleur du printemps, couronnons-nous de boutons de roses, avant qu'ils ne se fanent… » (Sg 2, 7-8). Ces précisions terminologiques indiquent que la rose, originaire de la région du Caucase, ne paraît avoir été cultivée dans les jardins de Palestine que peu de temps avant l'ère chrétienne (un siècle peut-être). Cette plante n'est donc pas très commune dans la Bible. On la reconnaît à ses fleurs blanches, ses sépales caducs et ses longues tiges sarmenteuses, et surtout à ses styles en colonnes saillantes.

Ce qui peut maintenant retenir l'attention, ce sont les confusions auxquelles elle a donné lieu. Dans le livre du Siracide, on lit encore : « Écoutez-moi, mes pieux enfants, et grandissez comme la rose plantée au bord d'un cours d'eau » (Si 39, 14). Il est fort peu probable qu'il s'agisse de la même plante que précédemment et les commentateurs préfèrent habituellement y reconnaître le laurier-rose *(Nerium oleander)* qui pousse les pieds dans l'eau et la tête au soleil.

Certains traducteurs ont introduit dans le Livre d'Isaïe (Is 35, 2) et dans celui du Cantique des cantiques (Ct 2, 1) le nom « rose de Sarôn ». Le mot hébreu *habasselet* désigne plutôt le colchique, le narcisse ou l'asphodèle qui sont des plantes printanières.

Enfin, ce qu'on a l'habitude d'appeler « rose de Jéricho » n'a rien de commun avec les roses proprement dites. Il s'agit d'*Anastatica hierochuntica.* Cette petite plante annuelle que l'on trouve du Maroc à l'Iran a un comportement singulier. Durant la saison sèche, pendant que les graines sont en train de mûrir, les feuilles

Martin Schongauer,
La Vierge au buisson de roses.

tombent et les tiges se roulent sur elles-mêmes. La plante se ratatine en une petite boule de la grosseur de la main. Quand elle est déracinée lors d'un orage, elle roule à travers le désert jusqu'à ce qu'elle ait atteint un lieu humide. Elle se déploie. Les graines sont répandues et germent rapidement pour donner en peu de temps une nouvelle plante. Est-ce cette propriété de se déployer dans l'eau qui lui a valu le nom particulier de rose *de Jéricho*? Jéricho qui, comme on le sait, est une oasis en plein désert. Ou encore, est-il permis de voir, dans ce mouvement de déploiement et d'ouverture de la rose de Jéricho, une allusion à la chute des murailles de Jéricho, quand les fils d'Israël, sur l'ordre de Josué, eurent tourné sept jours de suite autour de ses murs avec l'arche d'alliance, et qu'au septième tour du dernier jour, après qu'ils eurent poussé un grand cri et sonné du cor, les murailles s'effondrèrent?

Pour conclure, c'est bien évidemment l'immense postérité chrétienne de la symbolique de la rose qui en fait une plante biblique. Rosace des cathédrales, *Rosa candida* de la *Divine Comédie* de Dante, Rose mystique des litanies de la Vierge Marie, dévotion du Rosaire, roses de sainte Thérèse de Lisieux : on n'en finirait plus d'évoquer ses acceptions jusqu'à

« Mignonne, allons voir si la rose
Qui ce matin avoit desclose
Sa robe de pourpre au soleil
A point perdu ceste vesprée
Les plis de sa robe pourprée,
Et son teint au vostre pareil. »

On raconte qu'en allant à l'église pour le baptême de Ronsard, sa nourrice laissa tomber l'enfant sur un tas de fleurs tandis que celle qui tenait le récipient d'eau de rose le répandit malencontreusement sur lui. Ces deux événements furent considérés comme un heureux présage de ce qu'il deviendrait un jour. Décidément, on ne prête qu'au riche!

Rubus sanguineus (?)

« Buisson ardent »

« Moïse faisait paître le petit bétail de Jéthro, son beau-père, prêtre de Madiân. Il mena le troupeau par-delà le désert et arriva à la montagne de Dieu, à l'Horeb. L'Ange du Seigneur lui apparut dans une flamme de feu, du milieu du buisson. Il regarda : le buisson était en feu, et le buisson n'était pas dévoré. Moïse se dit : "Je vais faire un détour pour voir cette grande vision : pourquoi le buisson ne brûle-t-il pas ?" Le Seigneur vit qu'il avait fait un détour pour voir, et Dieu l'appela du milieu du buisson : "Moïse, Moïse !" Il dit : "Me voici." Il dit : "N'approche pas d'ici ! Retire tes sandales de tes pieds, car le lieu où tu te tiens est une terre sainte." Il dit : "Je suis le Dieu de ton père, le Dieu d'Abraham, le Dieu d'Isaac et le Dieu de Jacob." Moïse se voila la face, car il craignait de regarder Dieu. »

Livre de l'Exode (3, 1-6).

La tradition, enseignée par la version grecque de la Bible (dite des Septante) et la version latine (dite de saint Jérôme, ou Vulgate), veut que le buisson inconnu dans lequel Dieu s'adresse à Moïse, soit une ronce arbustive *(Rubus sanguineus)*. Depuis le IVe siècle, on en trouve un spécimen dans le jardin du monastère Sainte-Catherine au pied du Sinaï. Certains auteurs (tel

Nicolas Froment,
Triptyque du Buisson ardent.

Philon d'Alexandrie, 13 av. J.-C.-45 ap. J.-C., philosophe juif de culture grecque, dans sa *Vie de Moïse*) préfèrent y voir un arbuste épineux comme l'aubépine blanche *(Crataegus monogyna* ou *azarolus*). L'inconvénient, c'est que ces deux plantes ne poussent pas naturellement dans le Sinaï. On peut cependant penser que la tradition orale est la plus fidèle, et qu'elles y poussaient à l'époque de Moïse. Ou encore, que Dieu à qui rien n'est impossible (comme il est avéré dans bien d'autres récits de vocation) a fait pousser l'une ou l'autre pour mieux surprendre Moïse.

Deux autres hypothèses sont encore avancées par les botanistes. La première, c'est celle de l'acacia qui jaillit en buisson et qui se couvre parfois d'un semi-parasite (comme chez nous le gui), le *Loranthus acaciae.* Quand celui-ci déploie la multitude de ses petites fleurs d'un rouge brillant, il peut donner de loin l'impression de brûler. Ce serait la raison pour laquelle, quand Moïse s'approche, Dieu l'interpelle aussitôt et ne le laisse pas contempler cet étrange spectacle. Moïse par conséquent se voile la face et n'identifie pas le buisson. La seconde hypothèse concerne la fraxinelle *(Dictamnus albus).* Cette grande herbe vivace, qui peut atteindre un mètre, a des feuilles composées de sept à dix folioles dentelées, et de grandes fleurs roses ou blanches qui, par temps très chaud, exhalent une essence végétale si volatile qu'elle peut s'enflammer spontanément à distance, surtout le soir, s'il y a la moindre flamme dans les parages. Dans ce cas, on aurait affaire à une véritable combustion. Faisons une conjecture : Moïse, venant chercher un refuge dans les rochers pour y passer la nuit, aurait commencé à allumer un feu quand soudain le buisson se serait enflammé. Moïse serait alors l'auteur indirect de cette étrange combustion, signifiant par là que Dieu ne parle ou ne se révèle à l'homme que lorsque celui-ci y collabore dans la foi, c'est-à-dire dans une attitude d'écoute active.

Grégoire de Nysse, un évêque du IVe siècle, commente ainsi ce passage dans sa *Vie de Moïse* : « Ce que Moïse, à la lumière de la théophanie, me paraît avoir compris alors, c'est précisément qu'aucune des choses qui tombent sous les sens ne subsiste réellement, mais seulement l'être transcendant et créateur de l'univers à qui tout est suspendu… Ce qui est immuable, qui n'est sujet ni à la croissance ni à la diminution, qui est également réfractaire à tout changement soit en mieux, soit en pire – car il est étranger au pire et il n'est rien qui soit meilleur que lui –, qui se suffit parfaitement à lui-même, qui est seul désirable, dont tout le reste participe et qui ne subit pas de diminution du fait de cette participation, voilà vraiment Celui qui est réellement et son appréhension est la connaissance de la vérité. Or c'est là celui dont jadis Moïse s'est approché, dont aujourd'hui s'approche tout homme qui, comme lui, se dépouille de son enveloppe terrestre et se tourne vers la lumière qui vient du Buisson, vers le rayon, issu des épines, qui a brillé pour nous et qui est, nous dit l'Évangile, la vraie Lumière et la Vérité. » Le peintre Nicolas Froment reprendra, au XVe siècle, cette vision du Christ dans le buisson ardent, dans son fameux retable de la cathédrale Saint-Sauveur d'Aix-en-Provence. Après Moïse et Jésus, le buisson entre dans la dévotion mariale avec le thème iconographique de la Vierge au buisson.

Les hypothèses de Scheuchzer :
A. Dendrite ou pierre du Sinaï. B. Le buisson vulgaire qui porte un fruit noir.
C. Un rosier. D. Nerprun ou Bourg-épine.

Salix babylonica

Saule

« Au bord des fleuves de Babylone nous étions assis et nous pleurions, nous souvenant de Sion ; aux saules des alentours nous avions pendu nos cithares. C'est là que nos vainqueurs nous demandèrent des chansons et nos bourreaux des airs joyeux. »

Psaume (136, 1-3).

De 597 à 538, les Israélites subirent la déportation en Mésopotamie sous le joug de Babylone, la grande puissance politique de l'époque. La captivité babylonienne met à l'épreuve la foi du peuple juif qui voit s'effondrer ses institutions essentielles : la religion autour du Temple de Jérusalem, la royauté, la possession de sa terre, l'unité du peuple. De nombreux psaumes évoquent cette détresse de l'exil et l'unique recours à Dieu. Le saule, devenu très souvent chez nous « pleureur », évoque le chagrin des déportés ayant le mal du pays. Cependant sa grande vitalité – il suffit de replanter un rameau en terre humide pour le multiplier – en fait un symbole de l'espérance jamais complètement éteinte dans les plus sombres situations.

Ici encore, un problème d'identification se pose. Car le *Salix babylonica*, nommé ainsi par Linné, ne se trouvait pas sur les bords de l'Euphrate et il est probable que l'arbre qui supporte les harpes des exilés est un peuplier *(Populus euphratica)*. Quand Ézéchiel (Ez 17, 5-7) parle du roi Sédécias, installé à Jérusalem par le roi de Babylone comme son vassal, il le compare à un peuplier, ou un saule, dont il suffit de planter un rameau pour qu'il prenne racine près des eaux. Le message cependant pour Ézéchiel est clair, car la plante devint une vigne, c'est-à-dire le symbole d'Israël qui n'a pas perdu son identité dans la déportation.

Salix babylonica

Nous étions assis et nous pleurions.
Aux saules des alentours nous avions pendu nos harpes et nos bourreaux
nous demandèrent des chansons.

Scirpus lacustris

Jonc

« Nos pères en Égypte, ne comprirent pas tes merveilles, ils ne se souvinrent pas de l'abondance de tes grâces, ils se rebellèrent contre le Très-Haut près de la mer des Joncs. Il les sauva pourtant à cause de son Nom, pour faire connaître sa puissance. Il menaça la mer des Joncs, qui se dessécha, il les fit marcher dans les abîmes comme dans le désert ; il les sauva de la main du haineux, il les racheta de la main de l'ennemi ; les eaux recouvrirent leurs adversaires, il n'en resta pas un seul. Ils crurent alors à ses paroles, et ils chantèrent ses louanges. »

Psaume (106,7-12).

Le passage à pied sec de la mer Rouge, appelée encore mer des Joncs, représente le haut fait divin par excellence. Que ce soit sous le mode du récit, comme dans le livre de l'Exode, ou sous le mode des hymnes dans les psaumes ou d'autres cantiques, la libération des Hébreux de l'esclavage égyptien a permis la constitution de l'identité du peuple d'Israël. Dieu se révèle comme l'unique en unifiant les descendants de Jacob sous une seule loi.

Les historiens ne peuvent qu'échafauder des hypothèses sur l'itinéraire exact des Hébreux lors de la Pâque. Les joncs, selon leur espèce, poussent soit à proximité des eaux douces, soit en bord de mer. Il faut donc imaginer un passage miraculeux où il s'agit plus de marais ou de lagunes que de la tradition magnifiée d'une mer tumultueuse se fendant de part et d'autre sous l'effet d'un vent violent, et « formant une muraille à leur droite et à leur gauche » (Ex 14,22). Cette vision à grand spectacle a été reprise et mise en scène au sens le plus littéral par Cecil B. De Mille dans son film *Les Dix Commandements*. On peut retrouver un même déchaînement des éléments dans la Pâque du Christ Jésus : « Jésus, criant d'une voix forte, rendit l'esprit. Et voici que le voile du sanctuaire se déchira en deux du haut en bas, la terre trembla, les rochers se fendirent » (Mt 27,51). La puissance de libération de Dieu est bien plus grande que les forces de la nature. Le pouvoir de Dieu évince les dominations qui rendent l'humanité captive. Ici, c'est le Christ qui, par sa mort, ouvre un passage vers Dieu, là où les gardiens du Temple n'ont pas reconnu en lui l'envoyé de Dieu.

Tamarix mannifera

Tamaris

« Abraham planta un tamaris à Beer-Shéva où il fit une invocation au nom du Seigneur, le Dieu éternel. »

Livre de la Genèse (21,33).

« Le Seigneur dit à Moïse : "Du haut du ciel, je vais faire pleuvoir du pain pour vous… La couche de rosée se leva ; alors sur la surface du désert, il y avait quelque chose de fin, de crissant, quelque chose de fin tel du givre, sur la terre. Les fils d'Israël regardèrent et se dirent l'un l'autre : "Man Hou ?", c'est-à-dire : "Qu'est-ce que c'est ?", car ils ne savaient pas ce que c'était. ».

Livre de l'Exode (16,4.14-15).

Tamarix africana.

Le tamaris est un petit arbre bien adapté à la sécheresse des pays subdésertiques grâce à ses feuilles minuscules. Sous l'effet de la piqûre d'une cochenille, il produit une exsudation sucrée qui se dessèche et tombe, ou bien reste pendue à l'arbre en larmes épaisses. Est-ce la manne qui a un « goût de beignets de miel » (Ex 16,31) ? En fait, il est difficile de faire converger les six caractéristiques de la manne sur une seule plante et d'en trouver la véritable origine : elle se dépose sur le sol, elle est blanche comme la rosée, elle est granuleuse, sucrée, sa conservation est éphémère, elle succombe à la chaleur du soleil. C'est pourquoi certains y voient un lichen d'Asie centrale *(Lechanora esculenta)* que les Kurdes appellent « pain du ciel ». D'autres considèrent que la ficoïde glaciale *(Mesembryanthemum crystallinum)*, par l'aspect givré des vésicules transparentes de ses feuilles, pourrait convenir puisqu'elle pousse dans les déserts de cette région, de même *Ochradenus baccatus* qui fructifie toute l'année dans la péninsule du Sinaï et donne de petites baies blanches.

Ce pain du ciel symbolise pleinement le don de la révélation. Il est notoire que le rédacteur biblique a voulu exprimer l'étonnement qui saisit les fils d'Israël. Un célèbre guide biblique de la Terre sainte avait coutume, en plein désert, de lire ce passage à ses groupes de pèlerins français de la manière suivante : « Les fils d'Israël regardèrent et se dirent l'un à l'autre : *Was ist das ?*» Cela avait immédiatement pour effet de réveiller les marcheurs les plus accablés par la chaleur. À juste titre, ce guide jouait avec l'interrogation ébahie, conservée dans le texte. De surcroît, en employant inopinément la langue allemande, il faisait un clin d'œil aux exégètes allemands. L'allemand est devenu la troisième langue biblique, reconnaissait-il avec une amertume enjouée, car bien qu'ils épluchent les textes de la Bible et leurs couches rédactionnelles comme des oignons d'Égypte, les travaux érudits des exégètes allemands ont permis de mieux goûter le sens de ces textes. Ce que Dieu donne donc pour calmer la faim des fils d'Israël, c'est du « *Was ist das ?*» C'est une question qui vient les rassasier.

Y a-t-il plus belle et plus juste définition de la révélation divine ? La révélation n'est-elle pas la question que Dieu ne cesse de poser à son partenaire, l'homme qu'Il a créé ? Bien sûr, Dieu se révèle à Moïse et aux prophètes, mais tous ne cessent de l'interroger : « Qui es-Tu ? » Et Dieu répond : « Je suis qui je suis, je serai qui je serai, je serai avec toi. » Autant dire : tu ne me chercherais pas si tu ne m'avais déjà trouvé. Ainsi Dieu ne se complaît pas dans sa solitude, il se donne, se révèle là où l'homme pose la seule et vraie question : celle de l'ultime, celle du sens qui embrasse tout et conduit vers un dépassement inachevé.

Jésus s'inscrit exactement dans la même ligne lorsqu'il cherche à révéler Dieu à ses disciples, à en montrer les signes. Juste après qu'il a multiplié les pains pour la foule qui le suit, ses disciples lui demandent (Jn 6,30-35) : « Mais toi-même quel signe fais-tu, en sorte que nous voyions et que nous puissions te croire ? Quelle est ton œuvre ? Au désert, nos pères ont mangé la manne, ainsi qu'il est écrit : “Il leur a donné à manger un pain qui vient du ciel.” » Jésus leur dit : « Le pain de Dieu, c'est celui qui descend du ciel et qui donne la vie au monde… C'est moi qui suis le pain de vie ; celui qui vient à moi n'aura pas faim ; celui qui croit en moi jamais n'aura soif. » Après ces mots, la stupéfaction n'est pas moins grande chez les disciples de Jésus que chez les fils d'Israël au désert : « Après l'avoir entendu, beaucoup de ses disciples commencèrent à dire : “Cette parole est rude ! Qui peut continuer à l'écouter ?” » (Jn 6,60.)

La manne, comme le pain de vie céleste et divin, nourrit véritablement l'homme en relation avec Dieu. Elle ne le laisse pas à une solitude endormie par l'épuisement ou le contentement. Comme la révélation, elle le réveille, l'étonne et rejoint son identité profonde. Car qu'est-ce que l'homme ici ? C'est l'être qui pose en vérité la question de la vérité.

Les fils d'Israël recueillirent la manne qui recouvrait le sol autour du camp.
Ceux qui en gardèrent trop virent que cela était infesté de vers.
Scheuchzer identifie la manne au coriandre et les vers aux charançons armés de pinces.

Triticum aestivum

Blé

« Pendant six jours tu mangeras des azymes, et le septième jour, réunion solennelle pour le Seigneur, ton Dieu ; tu ne feras aucun travail. Tu compteras pour toi sept semaines ; dès que tu commenceras à mettre la faucille dans les blés, tu commenceras à compter sept semaines. Tu célèbreras la fête des Semaines pour le Seigneur, ton Dieu, avec l'offrande volontaire de ta main, à la mesure des bénédictions dont le Seigneur ton Dieu t'aura comblé. »
Livre du Deutéronome (16,9-10).

« En ce temps-là, un jour de sabbat, Jésus passait à travers des champs de blé, et ses disciples chemin faisant se mirent à arracher. Les pharisiens lui disaient : "Regarde ce qu'ils font le jour du sabbat ! Ce n'est pas permis". »
Évangile selon saint Marc (2,23-24).

« Jésus leur dit : "Voici venue l'heure où le Fils de l'homme doit être glorifié. En vérité, en vérité je vous le dis : Si le grain de blé tombé en terre ne meurt pas, il reste seul ; mais s'il meurt, il porte beaucoup de fruit". »
Évangile selon saint Jean (12,23-24).

Le blé, avec le froment et l'épeautre, est la céréale la plus connue pour la fabrication du pain dans les pays bibliques. C'est une véritable bénédiction de Dieu pourvu que l'homme lui accorde l'assiduité de son labeur tout au long de l'année. Le symbolisme du blé a ainsi une double portée, soulignée tout au long des textes bibliques. D'une part, son origine se perd dans la nuit des temps, c'est donc un don gracieux de Dieu, d'autant plus généreux qu'il se multiplie « au centuple » (Lc 8,8). Dans la conception populaire préscientifique de l'époque, la germination n'est pas un processus naturel, mais le résultat d'une action miraculeuse de la divinité : le grain meurt véritablement en terre, « puis Dieu lui donne corps, comme il le veut et à chaque semence de façon particulière » (1 Co 15,38). D'autre part, sa fructification exige de l'agriculteur une sollicitude constante et avisée pour parvenir à la récolte. On comprend ainsi pourquoi, tant dans l'Ancien que dans le Nouveau Testament, c'est autour du blé que se cristallisent les questions liées à la justification du travail. Est-il permis de travailler sans cesse de telle sorte que l'on n'attende rien de Dieu ? Ou bien faut-il s'en remettre à la Providence qui pourvoira gratuitement aux besoins de l'homme ? Le sabbat hebdomadaire, c'est-à-dire une journée de repos sans travail consacrée à remercier Dieu, est la réponse à cette question. Jésus ne remet pas en cause cette règle. Il rappelle simplement que « le sabbat a été fait pour l'homme et non l'homme pour le sabbat, de sorte que le Fils de l'homme est maître même du sabbat » (Mc 2,27). Cette forte parole de Jésus, justifiant la faim de ses disciples, n'est pas originale. D'autres rabbins avaient déjà souligné que l'obligation du sabbat cesse quand son observation entraîne un grave dommage pour l'homme. Par l'expression « Fils de l'homme » qui désigne l'élu de Dieu, Jésus entend replacer la tentation du légalisme des pharisiens sous la promesse de la bénédiction divine. Ce n'est pas l'observance des lois qui

Pharaon voit en songe les sept épis pleins de grains abondants qui sortent d'une même tige et sept autres fort maigres qu'un vent brûlant a desséchés.

La Vierge au froment.
(Anonyme du XVe s.).

« oblige » Dieu à être bon. C'est parce que Dieu est bon qu'il a indiqué à l'homme comment se conduire selon des lois.

Le blé apporte nourriture et richesse. Seule la sagesse qui les accueille comme un don, en fait véritablement son profit. Rien donc de très mystérieux dans le symbole du blé : un grain en donne trente, quarante, voire cent autres. Il n'est exigé de l'homme que de contribuer à cette multiplication du don.

Le blé est un extraordinaire révélateur de l'image que l'homme a de lui-même. Avec lui, la plante cultivée se fait masse. Le blé n'est pas un pied de blé, mais un champ. La plante perd son identité singulière. Cet anonymat coïncide avec l'ère de la thésaurisation, car le grain, comme l'argent, se conserve longtemps ; pourtant, fruits et racines dépérissent rapidement. Sans tomber dans un passéisme d'autant plus suspect qu'il se voilerait la face devant les rendements extraordinaires obtenus grâce aux engrais chimiques, il faut avouer que nos champs de blé sont devenus bien anonymes, voire inhumains, même s'ils contribuent à éradiquer chez nous l'idée même de disette. Traverser une plaine céréalière, c'est traverser, selon l'expression anglaise la plus appropriée ici, un *no man's land.* À peine un tracteur au loin, quelquefois dans l'année. Traité, aseptisé, sélectionné, protégé, catalogué, conformisé, cloné, bref génétiquement correct, le grain de blé ne meurt plus. N'allons pas nous risquer à en faire reproche à l'agriculteur ! Il ne fait qu'exécuter notre désir de perfection. Le blé n'est plus une plante compagne. Est-il possible, et souhaitable, de sortir le blé de la logique de son succès ? Ce n'est plus l'homme qui prend modèle sur le grain qui meurt, c'est désormais le blé qui doit prendre modèle sur l'homme faillible pour retrouver son identité.

Urtica pilulifera

Ortie

« Je suis passé auprès du champ d'un paresseux et auprès de la vigne d'un homme privé de cœur. Et voici que les orties poussaient partout, les chardons en couvraient la surface et son mur de pierres était écroulé. »

Livre des Proverbes (24,30-31).

Les orties ont, dans la Bible, la mauvaise réputation de l'oisiveté ou de la ruine désolée (Is 34,13). Une vigne ou un champ entretenus n'ont pas d'orties et les pierres sèches de leur mur (ou plutôt muret) sont constamment relevées (Mc 13,1). L'homme sans cœur est à la fois sans courage et insensé. L'ortie paraît ainsi une plante nuisible à l'agriculture.

C'est un peu injuste pour l'ortie qui mérite le beau nom de « plante compagne » que Pierre Lieutaghi donne à l'un de ses livres. Car, depuis la sédentarisation néolithique, l'ortie est presque devenue, parmi les plantes, ce que le chien est pour l'homme : un compagnon fidèle, qui l'accompagne dans toutes ses pérégrinations. En effet, gourmande de nitrates et de phosphates, elle se repaît des déchets organiques et des cendres que lui déversent les hommes à proximité de leurs maisons. Ses vertus médicinales sont nombreuses : contre le saignement de nez, les maladies de peau, la chute des cheveux. On en fait de bons potages. Ses racines peuvent servir à teinter la laine en jaune. On s'en sert pour engraisser la volaille et le bétail, et son purin, en pulvérisation, est très utile pour lutter contre les champignons et les pucerons. Enfin, dans nos jardins de ville, il n'y a rien de tel qu'une rangée d'orties pour protéger les quelques précieuses plantes récemment installées que nos charmants bambins, emportés dans leur course, auraient vite fait de piétiner !

Urtica dioica.

Vicia faba

Fèves

« Lorsque David arriva à Mahanayim, Shobi... et Barzillaï le Galaadite, ... apportèrent du matériel de couchage, des lainages, ainsi que de la vaisselle, du blé, de l'orge, de la farine, des épis grillés, des fèves, des lentilles, du miel, du beurre, des moutons et des morceaux de bœuf qu'ils offrirent à David et au peuple qui l'accompagnait pour qu'ils s'en nourrissent. En effet, ils s'étaient dit : "L'armée a souffert de la faim, de la fatigue et de la soif dans le désert". »

Deuxième livre de Samuel (17,27-29).

Il y a peu de mentions des fèves dans la Bible bien que, selon toute probabilité, comme légumineuses, elles aient constitué une part très importante dans le régime alimentaire de base, car elles sont très nourrissantes. La plante, d'environ un mètre, est annuelle. Elle produit des gousses de un à deux centimètres renfermant de trois à cinq petites graines oblongues. Comme le rapporte Ez 4,9, on faisait parfois du pain avec des fèves en période de disette, mais elles se mangeaient plus habituellement avec de l'huile.

On pourrait être tenté ici de faire une allusion à la fève de la galette des rois et risquer un rapprochement acrobatique avec les rois mages de l'Épiphanie. Le *Grand Larousse du XIXe siècle*, à l'article « fève » succombe à cette tentation. Il écrit : « Roi de la fève. Cette coutume bizarre remonte vraisemblablement à la plus haute Antiquité. Chez les Hébreux, on choisissait un roi du festin, comme le témoigne l'Ecclésiaste. Chez les Grecs, le sort désignait celui des convives qui devait exercer cette royauté éphémère autant qu'innocente. Le sort se tirait avec des fèves, par imitation sans doute des fèves noires et blanches qui servaient à l'élection des magistrats... Ce roi du festin prescrivait des lois à table, réglait qui devait tour à tour chanter, déclamer, etc. Pendant les Saturnales, à la fin de décembre, les enfants tiraient au sort avec des fèves qui serait roi. Les chrétiens ont gardé cette coutume, mais pour un seul jour de l'année, fixé par l'usage à la fête de l'Epiphanie, commémorative de l'adoration des mages. »

Pour ce qui est du roi du festin chez les Grecs, on en trouve un exemple célèbre dans *Le Banquet* de Platon où Éryximaque se comporte comme tel, en proposant une double motion : renvoyer la joueuse de flûte, et que chacun prononce un éloge de l'amour. Ce à quoi Socrate répond que personne ne votera contre cette motion (178 d). En revanche, il est fort probable que le Larousse commette un contresens à propos de l'Ecclésiaste. Le texte est le suivant : « Pour se divertir ils font un repas : le vin égaie la vie et l'argent permet tout. Même en ta conscience ne dénigre pas le roi et dans ta chambre à coucher ne dénigre pas le riche, car les oiseaux du ciel rapporteront le mot et les porteurs d'ailes feront connaître la chose » (Qo 10,19-20). Comme l'atteste le contexte, il s'agit ici d'une suite de maximes sans lien l'une avec l'autre, et il n'y est nullement question d'un roi du repas, même si les deux mots se trouvent à proximité. On peut supposer que le rédacteur du Larousse est aussi, inconsciemment, influencé par les Saturnales romaines durant lesquelles les banquets, présidés par un roi, tiré au sort par la fève, donnaient l'occasion à tous les débordements et à un renversement parodique de l'ordre social, comme plus tard d'une certaine manière le carnaval.

On retiendra du Larousse cet usage des fèves pour le tirage au sort. Il s'expliquerait aux origines par la croyance selon laquelle les fèves contiennent les âmes des morts. Les ancêtres savaient ce que les vivants ne pouvaient savoir. En effet, en ouvrant la gousse, on découvre la fève qui, par sa forme, ressemble à un embryon. La fève, *kuamos* en grec, vient du verbe « porter en son sein ». Don printanier de la terre, la fève symbolise alors le don aux vivants des défunts reposant en terre.

Délaissant le tirage au sort pour un vote délibératif, l'usage des fèves noires et blanches s'est conservé dans certaines institutions jusqu'à nos jours. Après un échange sur la décision à prendre, les votants reçoivent des fèves noires et blanches. Ils signifient leur réponse à la question posée en plaçant dans une urne une fève blanche (oui) ou une fève noire (non).

Vitis vinifera

Vigne

« Noé, homme de la terre, fut celui qui planta le premier une vigne. »
Livre de la Genèse (9,20).

« Jésus disait à ses amis : "Je suis la vraie vigne et mon Père est le vigneron. Tout sarment qui, en moi, ne produit pas de fruit, il l'enlève, et tout sarment qui produit du fruit, il l'émonde, afin qu'il en produise davantage encore." »
Évangile selon saint Jean (15,1-2).

« Cesse de ne boire que de l'eau. Prends un peu de vin à cause de ton estomac et de tes fréquents malaises. »
Première épître à Timothée (5,23).

Hieronymus Wierx,
Le Christ au pressoir.

On ne trouve pas moins de 455 occurrences construites sur vin ou vigne dans une Bible française (par exemple la Bible de Jérusalem), sans parler de tout ce qui concerne le raisin, le cep, les vendanges, la coupe, etc. C'est dire combien le symbolisme de la vigne est prégnant dans la Bible. Noé serait l'inventeur du vin. L'étymologie de son nom en hébreu est double : d'une part il vient probablement de *nûah* qui signifie repos (Gn 8,4) ; d'autre part de *naham* qui signifie consoler car (Gn 5,29) il « apportera une consolation tirée du sol que le Seigneur a maudit », ce qui peut être une allusion à son invention du vin, coupe de consolation (Jr 16,7 ; Pr 31,6).

Comme dans toutes les cultures du Bassin méditerranéen, le vin a pour la Bible une signification divine. On peut y voir primitivement un étonnement devant l'effervescence spontanée et le fort dégagement de chaleur du moût de raisin en fermentation. Dans une culture préscientifique, ce bouillonnement inexpliqué peut facilement passer pour l'intervention d'une puissance surnaturelle, comme celui de l'eau dans l'épisode de la piscine de Bethzatha (Jn 5,4).

La vigne et le vin sont surtout, dans la Bible, les symboles de la joie, de l'Esprit Saint, de la sagesse et de la vérité qui découlent de la connaissance de Dieu. « Mon bien-aimé m'a fait venir à la maison du vin, mais son enseigne au-dessus de moi est l'Amour » (Ct 2,4). Lorsque les disciples à la Pentecôte entendent dans une vision les langues de tous les peuples se délier sous l'action de l'Esprit Saint, les gens se moquent en disant : « Ils sont pleins de vin doux » (Ac 2,13). L'apôtre Pierre peut alors montrer qu'ils ne sont pas ivres, mais que la sobre ébriété de leur conduite est un fruit de la sagesse de Dieu. L'apparence extérieure de la sagesse n'est pas sombre et austère, tendue par la réflexion et la tristesse, de cette humeur noire qui procède des maux d'estomac, mais tout au contraire gaie et sereine, remplie d'allégresse et de joie, « ces états d'âme qui conduisent sou-

Les espions que Moïse avait envoyés en Canaan coupèrent une branche de vigne avec une grappe de raisin qu'ils portèrent à deux au moyen d'une perche. Ils prirent aussi des grenades et des figues. En haut, Scheuchzer indique, dans un schéma, les manières dont la grappe a pu être portée.

L'ivresse de Noé.
(Mosaïque, XIVe s.).

vent à badiner et à plaisanter, non sans grâce, un badinage adapté à l'honnêteté et au sérieux comme dans une lyre bien accordée des sons discordants se fondent dans l'harmonie d'un chant unique » (Philon d'Alexandrie). Ainsi, la sagesse chrétienne mêle, sans les confondre ni les séparer, la raison humaine et la grâce de Dieu.

Pour saint Thomas d'Aquin, le grand théologien du XIIIe siècle, l'eau de la raison et le vin de l'Évangile s'accordent parfaitement : « C'est couper d'eau le vin fort de la sagesse, direz-vous et c'est un mélange corrupteur que celui de l'eau de la raison au vin de la parole de Dieu. Non, ce n'est pas le vin qui est coupé d'eau, mais bien l'eau qui est changée en vin comme aux noces de Cana. »

Ainsi le vin est-il, avec le pain, le symbole par excellence de la vie chrétienne, laquelle se condense tout entière dans la célébration eucharistique. Lorsque le ministre qui préside la célébration dit les paroles de la consécration, il reprend certaines des paroles les plus assurées de Jésus, puisqu'elles sont attestées par les trois évangiles synoptiques (Matthieu, Marc et Luc) et par saint Paul (1 Co 11,25) : « Jésus prit la coupe remplie de vin, il rendit grâce, et la donna à ses disciples, en disant : "Prenez, et buvez-en tous, car ceci est la coupe de mon sang, le sang de l'Alliance nouvelle et éternelle qui sera versé pour vous et pour la multitude en rémission des péchés. Vous ferez cela en mémoire de moi." » Dans ce repas d'adieux à ses disciples célébré dans le contexte de la fête pascale juive, Jésus s'identifie à l'Israël de Dieu que le prophète Isaïe avait comparé à une vigne plantée et soignée par le Seigneur (Is 5,1). Ainsi, les commentateurs chrétiens diront que la grappe de raisin portée sur des perches par les espions envoyés par Moïse est l'image du Christ attaché à la croix. La lourde grappe portée par plusieurs hommes est la figure à venir de tous les peuples qui allaient rencontrer le Christ donnant sa vie, son sang, dans le vin de l'eucharistie.

Index des noms latins des plantes citées

Index des citations bibliques

Les citations bibliques sont empruntées aux différentes traductions françaises disponibles et ont fait l'objet d'une révision à partir des originaux hébreux et grecs.

Bibliographie

BOURDU Robert, *Histoire de France racontée par les arbres*, Paris, Les Éditions Eugen Ulmer, 1999.

BROSSE Jacques, *La Magie des plantes*, Paris, Albin Michel, 1990.

BURTE Jean-Noël, sous la direction de, *L'Encyclopédie du Bon Jardinier*, Paris, La Maison Rustique, 1994.

Centre informatique et Bible, Abbaye de Maredsous, *Dictionnaire encyclopédique de la Bible*, Brepols, 1987.

CHEVALIER Jean, GHEERBRANT Alain, *Dictionnaire des symboles. Mythes, rêves, coutumes, gestes, formes, figures, couleurs, nombres*, Paris, Robert Laffont, 1982.

DAROM David, *Les Belles Plantes de la Bible. De l'humble hysope au cèdre puissant*, Herzlia, Israël, Palphot Ltd. s.d.

HEPPER F. Nigel, *Planting a Bible Garden. A Practical Reference Guide for the Home Gardener, Schools, Colleges and Churches in all Climates of the World*, Londres, HMSO Publications, 1994.

L'Encyclopédie pratique des plantes médicinales usuelles, CD-ROM, La Forêt Productions, 2000.

LIEUTAGHI Pierre, *Le Livre des Arbres, Arbustes & Arbrisseaux*, Robert Morel éditeur, 1969.

LIEUTAGHI Pierre, *Le Livre des Bonnes Herbes*, Arles, Actes Sud, 1996.

LIEUTAGHI Pierre, *La Plante compagne. Pratique et imaginaire de la flore sauvage en Europe occidentale*, Arles, Actes Sud, 1998.

MAILLAT Jean et Solange, *Les Plantes dans la Bible. Guide de la flore en Terre sainte*, Editions DésIris, Méolans-Revel, 1999.

MOZZANI Éloïse, *Le Livre des superstitions – Mythes, croyances et légendes*, Paris, Robert Laffont, 1995.

QUIÑONES Ana Maria, *Symboles végétaux. La flore sculptée dans l'art médiéval*, Paris, Desclée de Brouwer, 1995.

SMIT Daan, *Plants of the Bible. A Gardener's Guide*, Oxford, Lion Publishing plc, 1992.

VIGOUROUX F., éd., *Dictionnaire de la Bible*, Paris, Librairie Letouzey et Ané, 1926.

Crédits photographiques

P. 18 : Trésor de l'abbaye de Conques. © RMN.
P. 55 : National Gallery, Londres. © The Bridgeman Art Library.
P. 70 : National Gallery, Londres. © The Bridgeman Art Library.
P. 78 : Germanisches Nationalmuseum, Nuremberg. © Lauros-Giraudon.
P. 86 : Église des dominicains, Colmar. © G. Dagli Orti.
P. 87 : Cathédrale Saint-Sauveur, Aix-en-Provence. © G. Dagli Orti.
P. 98 : Abbeville, vers 1500. Musée de Cluny, Paris. © Collection Viollet.
P. 104 : Mosaïque, XIVe s., Bibliothèque Saint-Marc, Venise. © Collection Viollet.

P. 14, 20, 22, 24, 28 (2), 30, 31, 38, 40, 44, 46, 48, 50, 50 (2), 51, 56, 59, 62, 65, 69, 72, 74 (2), 77, 85, 93, 96, 100. © Daan Smit.

P. 17, 79 : © MAP, N. et P. Mioulane.
P. 19, 32, 47, 75 : © MAP, Frédéric Didillon.
P. 25, 81 : © MAP, Éric Ossart.
P. 27 : © MAP, Yann Monel.
P. 58, 90 : © MAP, Alain Guerrier.
P. 64, 84 : © MAP, Arnaud Descat.
P. 92 : © MAP, F. Strauss.
P. 99 : © MAP, Paul Nief.

Les gravures sont extraites de Johan Jacob Scheuchzer, *Physique sacrée ou histoire naturelle de la Bible*, Amsterdam, 1732, 8 volumes.

Table